精进者的人文通识课

这就是哲学

[日]山竹伸二——著　钟小源——译

SPM
南方出版传媒
广东经济出版社
·广州·

图书在版编目（CIP）数据

这就是哲学 /(日)山竹伸二著；钟小源译．—广州：广东经济出版社，2021.6

(精进者的人文通识课)

ISBN 978-7-5454-7730-6

Ⅰ．①这… Ⅱ．①山… ②钟… Ⅲ．①哲学 Ⅳ．①B

中国版本图书馆 CIP 数据核字 (2021) 第 058979 号

著作权合同登记号：19-2021-048

责任编辑：周　炜

责任技编：陆俊帆

这就是哲学
ZHE JIUSHI ZHEXUE

出版人	李　鹏
出　版 发　行	广东经济出版社（广州市环市东路水荫路 11 号 11 ~ 12 楼）
经　销	全国新华书店
印　刷	三河市信达兴印刷有限公司 （三河市杨庄镇大窝头村西）
开　本	880 毫米 ×1230 毫米　1/32
印　张	7.75
字　数	160 千字
版　次	2021 年 6 月第 1 版
印　次	2021 年 6 月第 1 次
书　号	ISBN 978-7-5454-7730-6
定　价	52.00 元

北京营销中心地址：北京市东城区夕照寺街 14 号富瑞苑大厦 201
电话：(010) 67138865　邮政编码：100061
如发现印装质量问题，影响阅读，请与本社联系
广东经济出版社常年法律顾问：胡志海律师

序言

最近，日本兴起了一股哲学热潮，而引发这股热潮的正是最近备受关注的哲学家——迈克尔·桑德尔教授。他的著作《公正》在去年的销量就已经突破了 60 万册，这对于哲学书籍来说是很少见的。

桑德尔教授在哈佛大学的讲座具有很高的人气，他利用日常生活中的具体例子来讲解较为抽象的各种哲学问题，非常生动易懂。最独特的是，桑德尔教授与学生边议论边思考问题的对话型授课风格，获得了大家的一致好评。

桑德尔教授之所以备受关注也不仅仅是因为他的讲座简单易懂。最重要的是，桑德尔教授所探究的问题之中心总包含着“正义”这一重要主题，这是生活在现代社会中的任何人都无法忽视的问题。而桑德尔教授的哲学观点之所以能获得大众青睐，和时代需求有很大关系。

大约三十年前，法国的后现代主义思想掀起了一阵小规模的热潮。当时，德里达、福柯和拉康等哲学家的著作，其内容极为抽象，外行人根本没法读懂。但是，不知是不是因为许多浅显易懂的解读本的出版，使他们的著作内容都被共同解释为不认可唯一绝对的正确价值（真理）的“相对主义”，并得到了大众的认同。

随着经济的高速发展，人们生活变得富裕，对自由的追求也慢慢扩大。越来越多的人有了属于自己的价值观。而相对主义之所以会如此流行，也是因为它顺应了时代的潮流。

在广受相对主义影响的社会中，由于所有人都认可的共同价值基准（行为规范）较弱，个人在行使自由权利时较为方便。但是，对“自己怎样做才能被周围人所认同” 和“自己应该怎样做”这类关于自身存在价值（他人的承认和自身的认同）的不确定性开始变得更为强烈。而这也是一种“不知何为正确”的不确定性。

在经济泡沫破裂之后，临时工增多，贫富差距逐渐扩大，有不少人开始对乐观的自由至上主义抱有疑问。渐渐地，人们发现单凭相对主义无法解决任何问题。于是，人们开始追求大家一致认可的判断——共同理解。

在学生时代，我本人经历了后现代主义思想的热潮，曾一度对其产生了强烈的兴趣。但我渐渐意识到相对主义的局限性，之后便开始摸索新的思维方式。

从 15 岁开始，我对社会和父母的价值观便抱有疑问。与此同时，我因不知道什么才是真正的正确，不知道自己真正想要做什么而感到焦躁。但我并没有求助于他人，而是选择了独自挣扎。如今回顾起来，这些问题竟成了我开始阅读哲学书籍的动机。

我沉醉于尼采和后现代主义哲学，开始产生这样的想法："绝对的真理并不存在，它无非是有各种各样的解释罢了。社会和父母的价值观也只是这万千解释的其中之一，而我只需要找到那个符合自身且能够认同的解释便足够了"。

我不知道所谓的"符合自身且能够认同的解释"究竟是什么。只有当我明白"今后想要如何生活"之后，才能得到答案。然而，面对"自己有何种愿望""今后想要如何生活"这样的问题，我仍很难轻易地做出回答。不仅如此，我逐渐发现相对主义是有其不足的。

临近 30 岁时，我接触到胡塞尔的现象学和海德格尔的存在主义哲学，使我对哲学的思考发生了转变。

现象学中的本质直观给了我思考的方法。海德格尔在《存在与时间》一书中，也使用现象学的思维方式提出了人类存在的本质。

人类通过情感察觉自身的欲望和兴趣。这是一种遵循自身欲望和兴趣而采取行动的存在。在接受自身存在的同时（自我领会），必须面对随着自身存在而出现的各种可能性。这就是海德格尔所说的人类存在的本质。只要注意自身的情感，就能知道"自己想要做什么"，这对于因为自身生活方式而感到困扰的我来说具有莫大的意义。

为了确认自身存在价值，他人的认同是必不可少的。既然如此，就不能无视世人的价值观和社会规则。也正因如此，诸如“所有人都能认可的价值是什么”“社会的正义是什么”这类问题才会浮现出来。

今年3月发生的3·11日本地震，使人们再次认识到这类问题的重要性。当人们不能像往常一样自由行动时，就需要一种所有人都能认可的思考方法——共同理解。为此，人们开始探究“怎样的行动更容易使人理解，且能获得众人一致的认可”。

现在，我们所需要的并非哲学的表面知识，而是能够运用到各种现实问题上的具体的哲学观点。

在经历过震灾之后，这种现实需求还在不断增强。

这世上有不少人认为“哲学没有用”。确实，单纯的哲学知识无法起到实质性作用，当你直面现实问题时，还可能会感到哲学的无力。但是，只要你能真正地理解哲学观点，将哲学观点活用于日常生活中，就能够运用哲学观点提高自己的生活质量。

《这就是哲学》一书，正是基于这些问题进行撰写的。

2011年7月

山竹伸二

目录

04 真理是否存在?——现代哲学

05 我是谁?

06 社会是什么?

01
哲学是什么?

01 哲学思考的问题是什么？

宗教、哲学与科学的区别

世界为何存在

哲学中存在各种各样的问题，诸如“我是为了什么而存在”“正确的生活方式是什么”“好的社会是怎样的”“世界为何存在”，等等。对于这些问题，自古以来的各种思想流派与宗教都给出了自己的答案。尤其是宗教在哲学登场之前就一直承担着回答上述问题的职责。

宗教发祥之古老程度接近于文明。早在古代，宗教便给人们带来了世界的意义。过去，世界各地所传承的都是告诉人们“世界为何存在”“世界如何形成”的创世神话故事，而这个世界的规则被尊为神的旨意，正义的定义也是如此。

只有遵循这样的价值观，才能被神和周围的人接受。因此，被神和周围的人接受就成了决定自身存在价值和“生命意义”的唯一准则。

近代以后，科学得到了急速发展，“世界是由什么组成的”“世界中存在怎样的规律”这类问题有了科学的答案。科学虽然可以说明世界的构造，但对“世界为何存在”以及“生活在世界上具有怎样的意义”这类问题无法做出主观回答。

对重视客观性的科学而言，主观事物所要求的意义和价值，是要被排除在外的。

但人是要对自己的生命意义、自身存在价值进行探究的存在。因此，上述问题就必须得有一个答案。

为了找到这个答案，哲学是必不可少的。

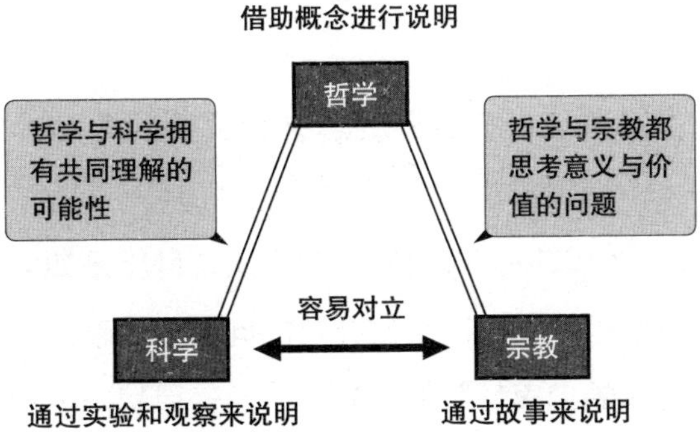

宗教、哲学与科学的关系

人类能否认识“真实的世界”

直观地看，哲学与宗教存在相似之处。

首先，哲学源自古希腊，人们探究的是“世界是什么”“世界的构造”。但在对世界进行说明时，哲学不会借助宗教故事，而是直接提出大众认可的观点，也就是原理。

有了被众人认可的观点之后，只要有人提出异议，那这个观点就会被重新论证，慢慢向原理靠近。宗教和思想信仰各不相同的人也能参加到这一讨论中，从这点上看，哲学可以算是一种开放性语言游戏。

同样地，科学也为拥有不同价值观的人提供一致认可的观点，从而追求普遍的原理。在这一点上，科学无异于哲学。而且，因为所有人都能通过实验和观察对原理进行检验，所以科学还能带来广泛的共同理解。近代以后，人们开始借助科学来回答“世界是由什么组成的”这一问题，在某种意义上来说是一种趋势。

但如上文所述，在世界的意义和价值问题上，科学保持沉默。

另外，近代以后，人们的注意力从“世界是如何存在的”这一自古希腊哲学出现以来便存在的问题，转移到了“人类能否认识‘真实的世界’”这一问题上。最早提出上述问题的是古希腊的诡辩家，但真正审视上述问题的则是以笛卡尔为代表的近代哲学。

他对意义和价值问题的思考，对自然科学基石的探究起至关重要的作用。因为这些问题都需要以确切的认识为基础。

诸如“真实的世界能否被认识”“真理是不是可知的”这类问题，现代哲学（现代思想）依然会提出“真理是否存在”的疑问。近代之后，“我是谁”“社会是什么”这类问题也成为哲学的重要课题。

接下来，我将更具体地说明人们一直以来是以哪些方式对这些问题进行探究的。

02 哲学的主要问题是什么？

探究“世界”“真理”“我”和“社会”

世界是什么

面对我们眼前广阔无比的世界，我们赖以生存的世界，我曾在不经意间抱有疑问——“世界的构造是怎样的”“世界是如何诞生的”“世界究竟是否存在”。

这些问题不同于“我是谁”“社会是什么”，它们并非诞生于与日常生活直接关联的现实烦恼。在某种意义上，我们可以说这些问题源自对知识的好奇。但如果仔细想想就会发现，“社会应当是怎样的”“我们为何而存在”这类问题其实和“世界是什么”这一问题具有密切的联系。

自古以来，宗教就借助神话故事告诉人们“世界是怎样的”“世界是如何诞生的”，并且教导人们规则，给予人们生命的意义。

由此可知,对“世界的意义”的探究是所有哲学问题的基础，其回答与“我”的存在问题和“社会”的规则问题密不可分。

初期希腊哲学思考的问题是：“自然（世界）是由何组成的，其变化的原理又是什么。”这是一个开放性的语言游戏，哲学家们通过自身的思考进行议论，并试图寻求所有人都认可的答案。

但如前文所述，近代以后，由于自然科学的迅速发展，科学家开始对“世界是由什么组成的”这一问题进行探究，哲学家虽然完全没有放弃这个问题，但他们又向以往哲学与科学的正当性提出了质疑，并将主要注意力集中到了“人类能否认识世界”的问题上。

人类能否认识世界

初期希腊哲学家坚信，人类能够认识世界的“真实模样”（真理）。这个观点被延续到了现代自然科学，而诡辩家则在一开始就对此观点抱有疑问。尤其是主张“人是万物的尺度”的普罗泰戈拉向以往的哲学抛出了巨大的疑问，这一疑问也成为之后苏格拉底、柏拉图等人的哲学诞生的契机。但真正投入这些问题当中，并展开彻底议论的则是近代哲学的奠基者笛卡尔。

对“世界如何形成”进行思考，就等于在试图找出我们眼前广阔的世界背后所隐藏着的世界的根源要素和法则。然而，自身所看到的世界并非“真实的世界”，而是出现在“自我”意识中的世界，而非客观存在的世界。这样一来，在思考“世界是由什么组成的”之前，人类必须先探讨“人类能否认识真实的世界”的问题。笛卡尔思考的正是这个问题。

虽然这属于划时代的“视角转换”，但笛卡尔本人得出的结论是“人类可以正确地认识世界”。对于“世界是由什么组成的”这一问题，笛卡尔则给出了一幅机械唯物主义的世界构图。在这之后，斯宾诺莎和莱布尼茨等哲学家也和笛卡尔一样，尝试对世界进行说明，他们的学说被称作“欧洲理性主义”。

另外，以洛克、休谟等哲学家为首的“英国经验主义”则对笛卡尔的“人类能否认识真实的世界”“能否认识真理”展开了更为彻底的研究。英国经验主义在方法上继承了以意识为出发点的笛卡尔的唯心主义。之后，德国哲学家康德根据经验主义中存在的问题，完成了哲学史上极为重要的工作。

康德认为，“我”所见、所闻、所触摸到的世界，是借助“我”的感觉器官出现在“我”意识中的世界。因此，要想认识真实的世界在原理上是不可能实现的。同时，借助“我”的感觉器官试图认识真理的理性作用也是有限的。尽管如此，只要人类拥有共同的认识能力，就能获得和他人一致的理解，普遍性也会由此出现。

真理是否存在

将注意力集中于意识（主观）的这种思维方式，为现代哲学中胡塞尔的“现象学”所继承。

从现象学的角度来说，“世界是什么”这一问题所探究的已经不是“客观世界”的真实，而是对“我”而言的“世界”存在意义。也就是说，这个问题和“我是谁”密切相关。不仅如此，这个问题也给后来的存在主义哲学带来了深刻影响。另外，现象学还将获得和他人共同理解的意义称为“本质”，并在这个本质中寻求新的普遍性。

但是，现代哲学（后现代主义、法兰克福学派、分析哲学等现代思想）不仅对“将注意力集中于意识（主观）”的这一思维方式抱有怀疑的态度，而且对普遍性的假设持完全反对的态度。

近代哲学则将“能否认识真理”这一问题转变为“真理是否存在”的问题，而上文提到的现代哲学主张“真理是不存在的”。

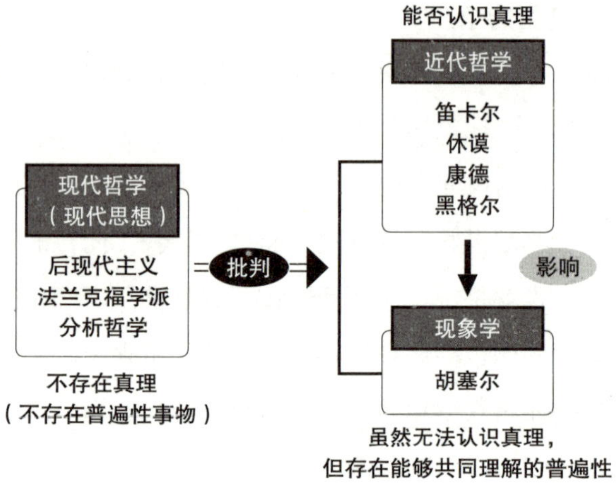

围绕真理的认识问题

为什么现代哲学给出这样的结论，这样的结论又是否正确呢？后文我们再做详细解释。

我是谁？

接下来，我们对“我是谁”和“我为了什么而存在”等这类存在问题进行说明。

自身存在价值一般和“自己的行为是否受到他人认可，是否在社会中具有意义”有着密切联系。因此，“我是谁”这一存在问题不可能和“社会是什么”的问题毫无关联。

但是，现在很难像以前一样在社会活动中寻求自身存在价值。和经历过战争及投身于学生运动的人相比，越是年轻的人，这类存在问题对他们而言就越现实。

说到底，“我是谁”这个问题是只有在近代欧洲才会出现的问题。它的出现与自由生活的可能性扩大和自由理念的广为流传密切相关。

在近代以前的西欧社会中，人一出生就决定了他以后要干什么,因此也就没必要重新审视自己应该承担怎样的社会职责。因为不管自己想要做什么,自己做的事情都已经被确定下来了。这也是因为传统和宗教的影响力较强，当时的人们没有对自己的职责感到过疑惑。

因此，在这样的环境下，人们根本不会想要去探究“我是谁”这个问题。

但在近代以后，许多人开始能够自由地选择自己的工作，同时传统价值观也渐渐弱化。但是，人们在接触到多样的价值观的同时，也在为寻找自己的生存之道而烦恼，为自身行动之意义、价值而内省。于是，人们产生了新的疑问——自己究竟想做些什么，自己究竟是什么人。

到了 19 世纪末，尼采和克尔凯郭尔等人所提倡的存在主义哲学出现了。克尔凯郭尔的问题意识并非“世界是什么”，而是对“自己是什么”进行探讨。他的观点是，人类必然会死亡的这种绝望，才是人类存在的本质。另外，尼采也围绕人类存在的苦恼展开议论，他研究的主要课题是如何说服人类因丧失“生命意义”而产生的虚无主义。

20 世纪之后，“我是谁”这一存在问题开始具备存在主义哲学的形式。并且，海德格尔、萨特和梅洛－庞蒂等哲学家借助现象学的思维方式对“我是谁”进行探究。“我是谁”是随着社会的发展必然会呈现在人们面前的问题。

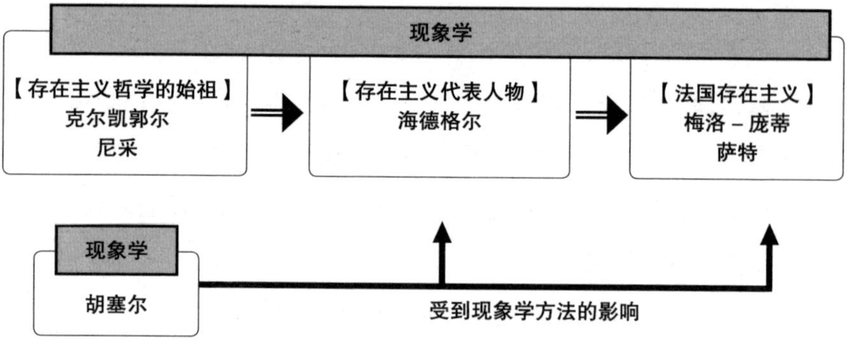

探究“我”的存在主义哲学的变迁

社会是什么?

最后，我们来思考“社会是什么”。这是探究“社会为何存在”“怎样的社会才是好的社会”的问题，也是对正义和社会应有的方式、规则进行思考的问题。

对社会抱有这种现实问题意识，也只有在近代社会才会出现。因为在近代之前的西欧社会，基督教占据着绝对地位，个人无法想象不受基督教影响的社会环境是什么样的。因此，人们根本不会试图重新审视正义，更不会去构想比现在“更好的社会”。

但到了近代社会一切就要另当别论了。

随着科学的进步，宗教故事开始露出破绽。通过大航海时代（地理大发现）的贸易，人们有更多机会接触多样的文化和价值观，以往基督教倡导的价值观便失去了其绝对地位。换言之，只要了解了价值观和规则的多样性，以往相信的价值观就会动摇，同时还会拥有不同人生的可能性。

不仅如此，选择职业和婚姻的机会也会增加。当自由意识开始萌芽，人们就会意识到以往价值观和规则对人性的压抑，从而开始构想更好、更自由的社会。因此，诸如“社会是什么”“怎样的社会才是好的社会”这类问题便产生了。

霍布斯、洛克和卢梭等人的“社会契约论”认为，社会是建立在自由平等的所有个人的契约之上的。这个观点的出现，使得近代之前被认为是理所当然的“王位与国家规则由上帝决定”的故事遭到了否定。这也意味着，所有人都开始参与到对社会规则的成立依据和其意义的公开讨论之中。

这一转变也是“社会是什么”这一哲学问题的开端。

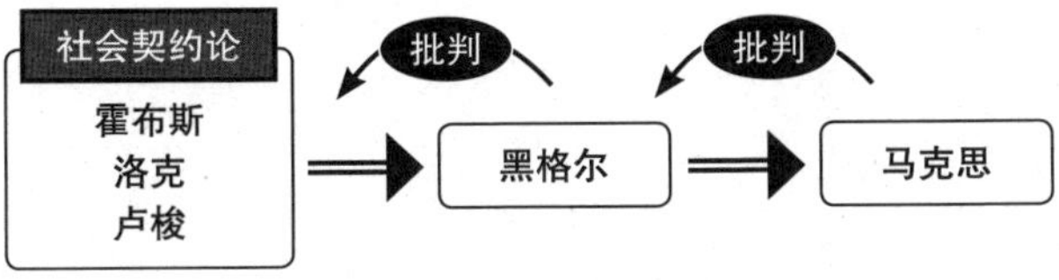

“社会”问题的思想变迁

之后，出现了类似黑格尔和马克思这样对“怎样的社会才是好社会”的问题给出一定答案的哲学家，这些哲学家们给社会思想带来了深远的影响。

到了 20 世纪，马克思的思想更是在世界掀起了一场社会变革的浪潮。

正因如此，我们现在才更需要重新审视——“究竟怎样的社会才是好的社会”。现在的社会虽然有一定的自由，但如果人与人之间不尊重彼此的自由，不认真考虑互助的准则、正确的基准，自由随时都有可能遭到破坏。

如果不能共享所有人都认可的价值，就无法理解彼此的行为。因为它还和“我是谁”这一存在问题紧密联系在一起。

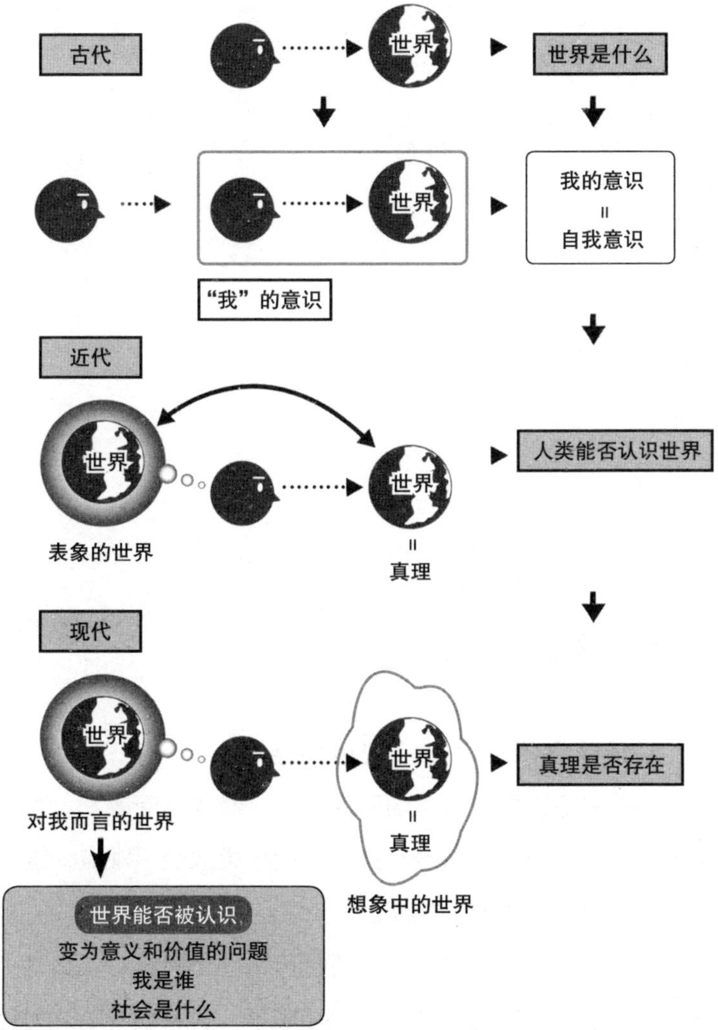
古代
世界
世界是什么
世界
世界
我的意识
=
自我意识
“我”的意识
近代
世界
世界
人类能否认识世界
表象的世界
=
真理
现代
世界
世界
真理是否存在
对我而言的世界
=
真理
想象中的世界
世界能否被认识
变为意义和价值的问题
我是谁
社会是什么

哲学问题中论点的变化

对本质的思考

“修辞学问题”与“究极问题”

哲学中还包含与人类烦恼无缘的“修辞学问题”。因为哲学虽然使用语言对事物进行说明，但如果改变了观点，这个说明就会导致完全不同的判断。

比如古希腊的埃庇米尼得斯提出了一个问题：“当某个克里特岛人说‘所有克里特岛人都是骗子’时，他说的这句话究竟是真还是假呢？”答案是既不是真，也不是假。假设他的发言为真，那么他也是骗子，所以他的发言又应该为假；假设他的发言为假，那么他就等于说了真话，这也与他的发言相矛盾。

希腊哲学中还存在许多同类难题，现在，尤其是英美系的分析哲学则不断提出这类包含悖论的难题，展开“思想实验”。

但我们在日常生活中并不需要认真思考这些问题，它们和我们所面对的烦恼并无关联。因此，如果得知这类问题也是哲学，那么肯定会有许多人认为，果然哲学家不过是在玩一些“文字游戏”，他们完全无法解决任何现实问题。

但在另一方面，除了这类“修辞学问题”之外，还有一些看似对我们尤为重要，但实际上根本不存在答案的“究极问题”。“世界存在起点吗”“上帝是否存在”“世界受因果关系的支配吗”（自由是不存在的吗）等问题就属于究极问题。

这些问题一般被称为“形而上学”，是哲学史上的重大难题。

而康德则在《纯粹理性批判》中证明了，这类“究极问题”是不存在答案的。

康德认为，只要试图回答这些问题，就一定会陷入“二律背反”（Antinomy），最终无法确定答案。比如“世界存在起点吗”这一问题，既可以证明其“存在”，也可以证明其“不存在”。

于是康德就这样出色地解决了形而上学的问题，因此就没有必要再考虑这些没有答案的“究极问题”了。至少康德是这么认为的。

然而，即便如此，形而上学式设想仍旧存在于现代哲学之中。有的哲学虽然对本质展开了优秀的论述，却依然会得出形而上学的结论。甚至还有哲学家认为，哪怕没有答案也要不断求解的才是哲学。

我基本上不赞同这类观点。事到如今，仍死揪着形而上学的问题不放也没有任何意义。不过，我们可以探究为什么有人会对这类“究极问题”感兴趣，这也是一个极为重要的问题。

人会对“究极问题”感兴趣，一定是出于某种动机，其中也应该包含着某种意义。既然这些问题自古以来就不断地被人研究，那么它们应该具有可以被许多人共同理解的含义，并且和存在的本质相关。探究所有人都认同的含义——探究“本质”，才是哲学最重要的探究方式。

探究本质

哲学并不是对没有答案的问题不断求解。那么它追求的答案是真理吗？一般大家很容易这么想，但严格来说，这其实是不对的。因为就像现代许多哲学家所承认的那样，永恒不变的真理并不存在。

但就算不存在唯一绝对的真理，如果个人打着“不存在所谓的绝对正确”的旗号开始做出一些肆意妄为的举动，社会秩序就会出现混乱。这时候不仅没法歌颂自由，还要为自己的自由受到侵害而感到烦恼。或是失去对行为价值的相互认同和共鸣的基础，变得难以感受到“生命的意义”。

因此，能够让众人共同理解的具有普遍性的观点是必不可少的。

可能有人会想，这不就是追求真理吗？但真理是不管人认可与否都存在的。换句话说，真理就是和自然法则相类似的东西。一般认为它在被众人共同理解之前就已经存在了。

比如对于“正确的行为”，就算众人能够共同理解（同意）的基准是可以设定的，也并不意味着从一开始就存在着绝对基准（真理）。而为了制定出这种能被众人共同理解的基准（规则），首先就必须提取出所有人都能认可的（具有普遍性的）“正确”的含义。这并非“正确”的真理，而应该称之为“本质”吧。

揭示包括“正确”（正义）在内的各种概念的本质才是哲学最重要的工作。

“自由”“幸福”“不安”“语言”“社会”“无意识”“感知”“记忆”“其实”等与我们日常生活息息相关的概念之本质，即所有人都能认可的、能够共同理解的含义，只有弄清了这些含义，我们才能在与这些概念有关的各种问题的解决上迈出重要的一步。

如果能通过探究正义的本质揭开社会规则的原理，就能构想出新的社会秩序。如果能通过探究不安和无意识的本质解开心理疾病和治愈的原理,那么我们还可以考虑消除烦恼的方法。不仅如此，通过疾病的本质能够考虑更有效的治疗，通过语言的本质能够了解沟通的原理。

也就是说，哲学并非追求真理的学问，而是一门追求普遍性的学问。它探究的是能和他人共同理解的本质，继而揭开各种各样的原理，开辟出为实际生活服务的道路。

事实上，以往伟大的哲学家们也无一例外，他们所提出的各种原理也都是建立在卓越的本质考察之上的。

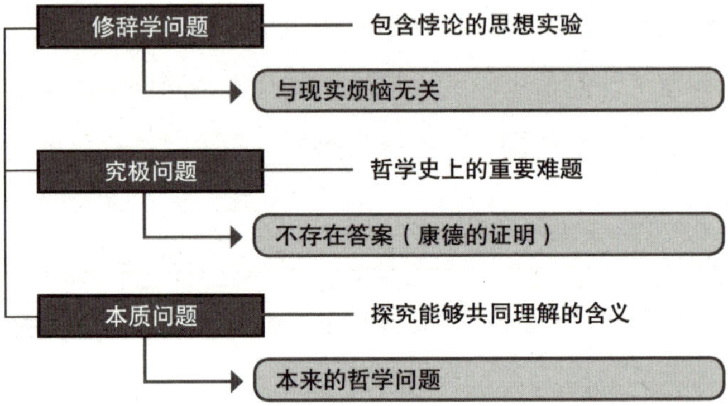

哲学问题的形式

本书的构成

在以下章节中，我将以重要的哲学家们所提出的本质考察为主轴，尽可能简单明了地对哲学思想和哲学具有的可能性进行说明。具体来说，我会将上文提到的各种哲学问题作为各个章节的主题，顺应时代趋势对主要的哲学问题进行解释说明。

首先在“世界是什么？——古希腊哲学”这一章节中，主要介绍从初期希腊哲学到苏格拉底、柏拉图和亚里士多德。围绕“世界是由什么组成的”这一问题展开的思考是第 2 章的主要中心思想。

但到了近代之后，对于这个问题，人们又产生了新的疑问——“人类究竟能否认识客观的世界”。近代哲学一方面探究“世界是由什么组成的”，另一方面又对认识世界的可能性进行重新审视。并且，在关于“人类能否认识世界？——近代哲学的发展”这章节中则以笛卡尔和康德为代表对近代哲学的趋势进行了说明。

在第 4 章“真理是否存在？——现代哲学”中，对继承了近代哲学思维方式的胡塞尔的现象学进行了略为详细的解说。通过这个解说，我相信大家可以在“人类能否认识世界”这一问题上获得一个重要的答案。

另外，第 4 章还介绍了后现代主义、维特根斯坦的语言哲学以及分析哲学等现代哲学的基本思想。这些思想对近代哲学和现象学持批评态度，它们给出的结论是真理根本不存在，结果助长了现代的相对主义倾向。在将此观点与现象学进行比较的同时，让我们试着重新审视真理和普遍性的问题。

本书的第 5 章和第 6 章中，涉及与普通人的日常烦恼直接相关的问题。

在第 5 章“我是谁？”中，介绍了尼采、克尔凯郭尔和海德格尔的存在主义哲学，梅洛－庞蒂和萨特的存在主义，弗洛伊德的精神分析以及黑格尔的思想，并对“我”的欲望、不安以及生命的意义等存在问题进行了探讨。

在第 6 章“社会是什么？”中，解释说明了霍布斯和卢梭等人的社会契约论、马克思主义、结构主义与后现代主义（列维－斯特劳斯、福柯），以及列维纳斯、阿伦特和罗尔斯的哲学，并对社会规则和正义问题进行考察。

本书章节在构成时，为了让读者能够沿着历史趋势理解哲学是如何随着时代变化而不断发展的，因此，有了上文所述结构。

但在解说时，除了时代的划分之外，我更重视主题的划分，主要从“各个哲学是从怎样的问题中诞生的，在其对应的时代受到了哪些议论”的角度进行总结。借此，读者在阅读时可以将自己的问题和各个哲学相对照，在大文脉中找到属于自己的立场，并获得更为深刻的理解。

此外，本书也并不是一个普通的“从近代哲学到现象学再到对其进行批判的现代哲学”（尤其是后现代主义）的哲学进步故事，因为我认为大多数现代哲学并未超越胡塞尔的现象学以及黑格尔的近代哲学。至于这一点是否正确，我希望最后由读者来考虑和决定。

真正读懂哲学，并不意味着要将哲学家的思想大把地装进脑袋，以展示自己的哲学修养，而是要以哲学家的观点为基础，不断地进行独立思考，不受先入观影响，从头开始推敲。只有做到了这一点，才算真正读懂了哲学。

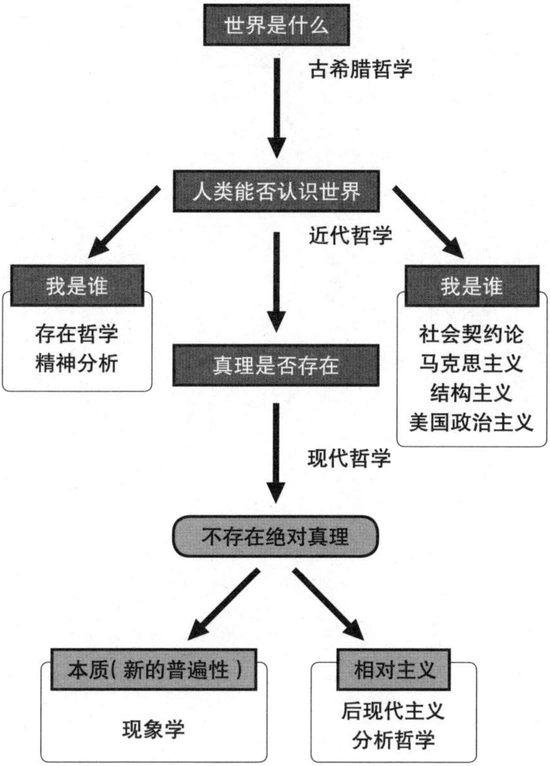
世界是什么
古希腊哲学
人类能否认识世界
近代哲学
我是谁
存在哲学
精神分析
真理是否存在
我是谁
社会契约论
马克思主义
结构主义
美国政治主义
现代哲学
不存在绝对真理
本质(新的普遍性)
现象学
相对主义
后现代主义
分析哲学

哲学问题之间的关系

02
世界是什么？
——古希腊哲学

世界是什么（关系图）

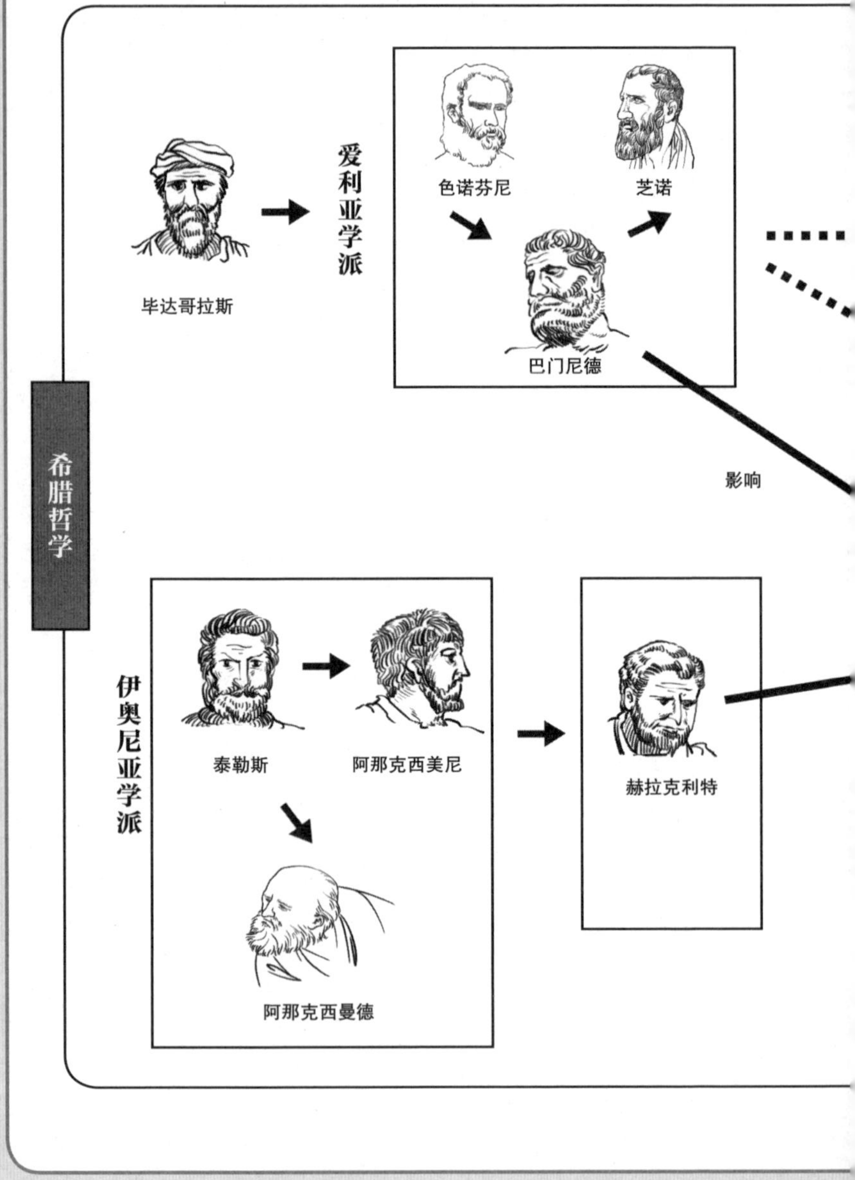

希腊哲学
毕达哥拉斯
爱利亚学派
色诺芬尼
芝诺
巴门尼德
影响
伊奥尼亚学派
泰勒斯
阿那克西美尼
阿那克西曼德
赫拉克利特

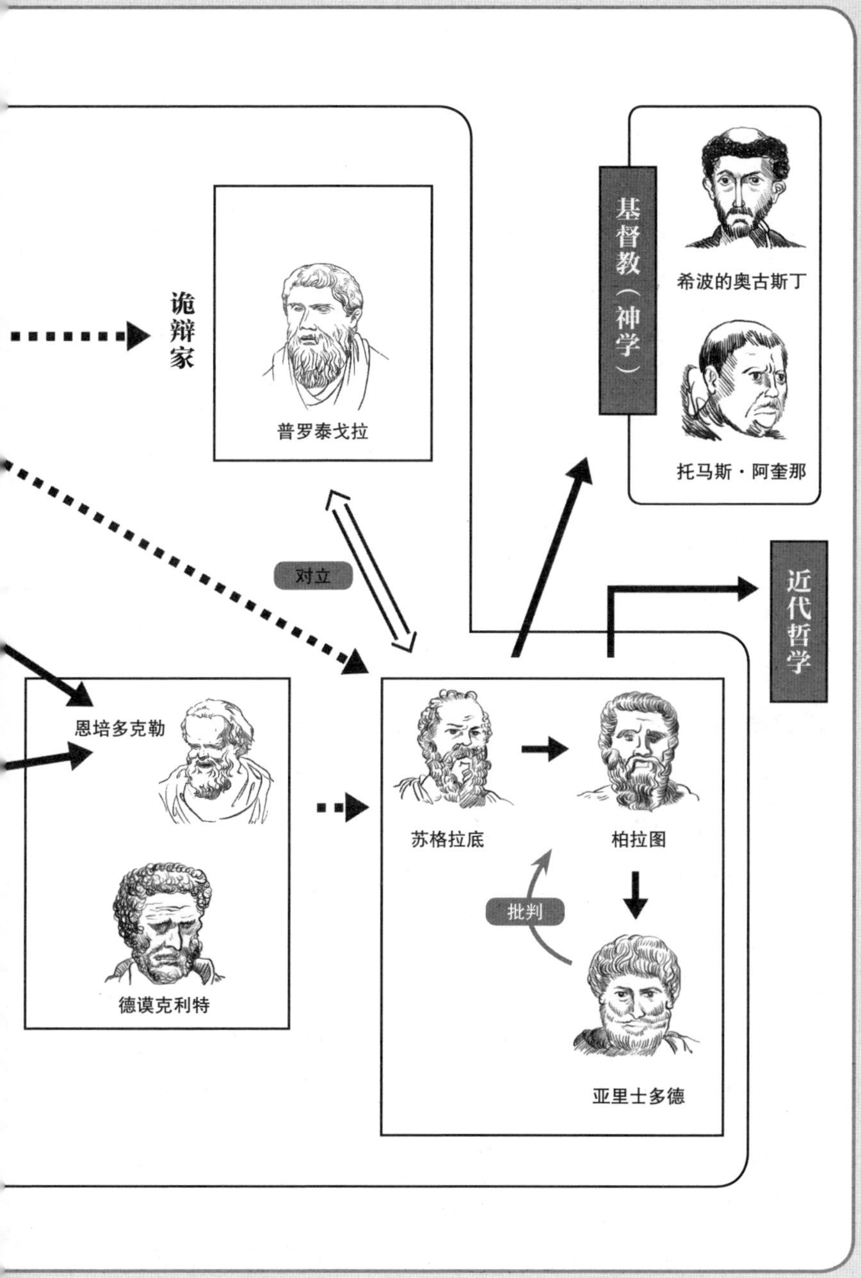

诡辩家
普罗泰戈拉
基督教（神学）
希波的奥古斯丁
托马斯·阿奎那
对立
近代哲学
恩培多克勒
德谟克利特
苏格拉底
柏拉图
批判
亚里士多德

01 世界是由什么组成的？

初期希腊哲学

希腊哲学的起源

“世界是什么”这一问题始于“世界是由什么组成的”。自古以来这个问题的答案一直都是宗教给出的。世间由古传颂至今的创世神话则是其真实体现。

不过，一个神话或传说只对信仰它的人具有说服力，而面对信仰其他神话或传说的人时则显得苍白无力。因此一个地域不同的文化交流越是活跃，人们接触多样的世界图景（神话、传说）的机会就越多，对自己曾信奉的世界观就会产生动摇。为了和文化相异的人们进行交流，必然就不能依赖于神话和传说，必须寻找能在不同文化之间共同理解的观点。

被誉为哲学发祥地的古希腊则恰好满足了这一条件。由于地中海地区活跃的贸易往来，公元前 8 世纪左右出现了大大小小的城邦（Polis），城邦里的人们有机会与多样的文化进行接触和交流。

被称为哲学始祖的泰勒斯则来自地中海地区文化交流尤为频繁的伊奥尼亚。由于他主张“水是万物的本原”而被认为是第一位哲学家。那么，这个观点究竟为何能被称为哲学呢？

首先，这个观点完全没有使用神话或传说，而是通过自己的大脑进行思考，只通过“概念”对世界进行说明。神话和传说等宗教故事受信仰的支撑，对于信仰不同宗教文化的人，你无法用道理说服他。但如果是像“万物”“本原”和“水”这类在不同文化中也可通用的概念，那就可以经得住所有人的推敲。因此，哪怕对方的文化和自己不同，也存在说服对方的可能性。

其次，“水是万物的本原”的观点源自对“世界是由什么组成的”这一问题的探究。也就是说，泰勒斯等于在主张，万物（世界上的所有事物）都有其“本原”（Arche）。我认为，泰勒斯正是为了探究这个“本原”而进行推理，最终得到“水”这一答案。虽然其中的理由我们并不清楚，也可能是因为水以各种形态遍布于世界的所有角落，但泰勒斯最终认为“水”才是世界的本原。

但重要的并非“水”这一答案，而是“构成世界的‘本原’

是什么？”这一问题的提出方式。因为这个问题和其回答方式都使用了在有差异文化人民之间也能通用的概念，所以所有人都能对此进行推理和斟酌。

借此，文化不同的人们也能通过议论获得共同的、具有普遍性的回答。事实上，在泰勒斯出现之后，古希腊的哲学讨论气氛变得十分活跃。

小知识

泰勒斯（Thales，约公元前 624—前 546）：被称为哲学创始人，希腊七贤之首。最早试图不使用神话对自然原理进行说明的人物。他认为哲学家比普通人更具有先见之明。

展开对自然的探究

对于泰勒斯的“水是万物的本原”这一主张，最初提出异议的是他的弟子阿那克西曼德。

阿那克西曼德首先提出了疑问，为什么万物的本原是水，而不能是“火”或“土”呢？最终他得出结论——万物的本原是“无限”的。“水”“土”“火”都能被人感知，在这点上它们是共通的，因此无法决定究竟它们哪个才是本原。因此他假设了一个无法感知的“无限”作为水、土、火的根源，并认为这个“无限”才是真正的本原。

但泰勒斯的另一个弟子阿那克西美尼则批判说，我们根本无法证明“无限”是否存在。对于“水是万物的本原”这一观点，他也批判道“这无法说明万物的多样性”。阿那克西美尼认为，万物的本原是“气”。由于空气浓缩之后就会变化为液体或固体，所以恰好可以用来说明世界的变化。

以上出现在伊奥尼亚地区的泰勒斯、阿那克西曼德和阿那克西美尼的哲学，由于其探究的是作为世界本原的自然“元素”，故被称作“伊奥尼亚自然学”。

值得一提的是，阿那克西曼德和阿那克西美尼面对自己的老师泰勒斯也毫不客气地进行批判，可见议论的氛围十分自由。在宗教中绝不容许有反抗教祖和祭司等权威的行为，但在哲学中，从原则上讲所有人都能独立思考，参加议论。

在上述议论不断发展延伸之后，“万物生成变化的原因是什么”这一问题诞生了。除了对构成自然“元素”的探究之外，这个问题还包含了对推动自然运转的“动因”的探究。

比如赫拉克利特以“人不能两次踏进同一条河流”而闻名，他提倡万物流变学说，认为世界不断地在发生变化，没有任何存在是绝对的。这一理论便诞生于“推动世界运转的东西是什么”对“动因”的探究。

同样地，恩培多克勒认为万物由“土”“水”“火”“气”四种自然元素组成，世界的生成变化则取决于它们与“爱”和“恨”（动因）的结合与分离。阿那克萨戈拉则认为“精神”（Nous）才是导致世界生成变化的“动因”。

当时德谟克利特给出了最合理的答案。他将物质不可分割的单位称作“原子”（Atom），认为万物的生成变化是由原子的结合与分离而产生。这个观点对生活在现代的我们而言，十分具有说服力。实际上，他的原子论给后来的自然科学也带来了很大的影响。

小知识

德谟克利特（Dēmókritos，约公元前 460—前 370）：提出原子论的古希腊哲学家，博识程度可与亚里士多德媲美。他的著作涉及世界秩序、自然、人类、精神、感官与知觉、色彩、原子形态、思考规则、数学、修辞学、绘画、战术、贤者的心理学、死后的生命等许多方面，但现在大多数已经散失。因为性格开朗，他还被称为“笑的哲学家”。

描述世界的“语言”问题

如上文所述，“世界是由什么组成的”这一问题，最初探究的只是构成世界的“本原”（根源物质）。但哲学家又渐渐地开始探究使世界生成变化的“动因”。就这样，对世界的本原和原因的说明变得越来越复杂。随后，这些利用概念进行的说明，随着逻辑愈发复杂，开始在语言上出现了矛盾。

最早注意到这一点的，是一位名叫巴门尼德的哲学家。

面对“水是万物的本原”“万物的本原是无限”等各种各样的观点，巴门尼德则提出了另一个问题——“存在”到底是什么意思呢？当我们用语言对世界进行说明的时候，语言层级会产生矛盾，进而导致说明和现实之间出现分歧。巴门尼德则意识到语言的逻辑性运用会导致混乱的产生。

之后，语言的逻辑一致性成为哲学的一大问题。比如巴门尼德的弟子芝诺对语言的逻辑运用所产生的矛盾进行彻底的探究，提出了“阿基里斯追不上乌龟”的有名悖论。

同时，“诡辩家”（智者）则将语言具有“多种解释”的性质有意地运用于辩论中，并将此方法传授于富裕的市民及贵族子弟。在公元前 5 世纪的雅典，诡辩家从各地被招徕给人做家庭教师。因为当时的雅典对能言善辩者评价很高，所以人们认为有学习辩论技巧的必要。

向人们传授知识的哲学家

提到诡辩家，人们可能都会有一种不好的印象，认为他们是操弄诡辩的狡猾之人。但他们所教授给人们的不只有辩论技巧，还有丰富的学问知识，给古希腊人们带来了智慧和教养。

除此之外，更重要的是，诡辩家明确地展示出，只要改变视角就可能得出和原先完全相反的判断。

假设你打了某人，一般可能会被判断是一个“不好的行为”，但如果这是为了帮助被欺凌的对象，或是为了让对方意识到自己的罪过，那么这就可以被认为是一个“好的行为”。

只要像这样改变视角，就可能获得和原来完全相反的判断。总而言之，就算我们试图说明“世界是由什么组成的”，但只要改变视角，就有可能产生不同的判断和解释。因此我们不得不承认，向世人展示出这一点的诡辩家具有莫大的功劳。

但正如普罗泰戈拉所说“人类是万物的尺度”，诡辩家的辩论技巧在另一方面也使得“根本不存在所谓的真实”和“结果我们可以做任意解释”这一“相对主义”的感觉扩散蔓延。

对于试图寻求能被共同理解的普遍观点的哲学来说，这是一个重大的问题。因为这会导致不同文化之间的共同观点和规则的信用丧失，人们追求普遍正义的道德意识渐渐淡薄，并给社会招致混乱。

实际上，这在现代哲学中也是一样的。无论是后现代主义还是分析哲学，其根本观点中都存在着“相对主义”。现代哲学正面临着一个危机的时代。但只要回顾哲学的历史，就会发现这类相对主义总是反复出现，并且每次都会有超越它们的哲学出现。

苏格拉底的登场，便是对相对主义发起的最初挑战。

苏格拉底与柏拉图

苏格拉底“对灵魂的关怀”

说到苏格拉底，就感觉他是一个总和各种青年反复交谈，将哲学辩论进行到底的哲学家。虽然他以对青年产生不良影响为由被判处死刑，但他不但没有逃避，还主动饮下毒酒的故事也极为出名。但他的哲学内容则可能并没有被那么多人理解。

苏格拉底以德尔斐的神谕“认识你自己”为出发点，并不像以往的哲学那样对“自然”进行研究，而是将注意力放在自己的心和灵魂这类“自我”问题上。只有意识到自己的无知，人才能接近真知。借助对真知的追求和爱情，人才能活得更好。

了解了正确的知识，人才能做出伦理行为。

苏格拉底所重视的就是这种“对灵魂的关怀”。

他还认为对话能为了解真知起到重要作用，不断与众多青年就“虔诚”“勇气”和“美德”等价值问题进行交谈。

比如当苏格拉底问“美德是什么”时，对方会阐述出各种各样的“美德”，对此苏格拉底则会对共通于所有“美德”的“美德本身”进行反问。借此让对方领悟“自己其实什么都不知道”，从而引导其探求真知。正如“认识你自己”所说的那样，促使青年意识到自己的无知（无知之知）。

重要的是，这里的“美德本身”指的是美德的本质。如上文所述，哲学的特征在于追求大众一致认可的普遍性，对事物的本质进行考察。在相对主义蔓延的时代，苏格拉底试图使哲学变回它原有的姿态。

从世界到人类的视角转换

苏格拉底还有另一个重要功劳，那就是他对于“世界是什么”的问题，并没有选择在世界内部寻找答案，而是将视线转移到提出问题的人类身上，探究“为什么人们会提出这样的问题”。

这是具有划时代意义的“视角转换”。以往的希腊哲学总是试图用客观事实来回答“世界秩序”的问题，比如说世界的本原是“水”，是“气”，或是说“万物是流变的”。但苏格拉底认为，世界的秩序不可能和认识并思考世界的人类毫无关系。

假设我们置身于阳光明媚的大自然，在那里直接感受大自然的美丽秩序和安稳祥和。但当你只有五感正常，有对大自然的热爱和想要从每日的疲劳中得到宽慰的欲望时，你才会感到大自然是美丽而平静的。否则，你可能会感受到一个截然不同的世界。

我们总是根据自己的兴趣观察周围的世界（各个对象），并在无意识中衡量着“这个事物对自己有多大的价值”。虽然了解世界的内在秩序十分重要，但世界秩序其实是人类知性的产物。

这和康德、胡塞尔等近代以后出现的哲学家的观点十分接近。这时的哲学家探讨的问题并非“世界是由什么组成的”，而是“世界能否被认识”。也就是说，此时问题的焦点转移到了认识世界的人类主观上去。而尼采和海德格尔则明确表示，世界秩序是由人类的兴趣和欲望构成的。

苏格拉底提出的“世界秩序是人类知性（精神）的产物”这一观点，为之后的伟大哲学家的观点的诞生迈出了率先而重要的一步。

然而，苏格拉底却没有著述。我们只能从柏拉图的著作中（《会饮篇》《苏格拉底的申辩》《克里同篇》《斐多篇》）了解苏格拉底的观点。柏拉图还有可能通过苏格拉底的对话形式来记述自己的哲学，因此我们很难对这两者的思想进行明确的划分。

不管怎么说，由于苏格拉底与柏拉图的出现，人类的内心和灵魂问题对哲学而言变得尤为重要。人类应当如何判断善恶与美丑这一价值问题也成了哲学的重要课题。

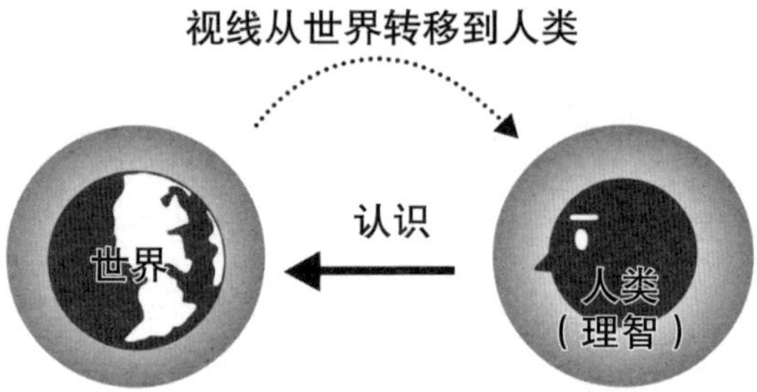

苏格拉底和柏拉图的视角转换

因为世界秩序是由价值判断产生的，所以只有通过探究人类的存在才能获得“世界是什么”这一谜题的答案。而“世界是什么”这一问题最先是从人类“想要过得更好”的愿望中诞生的。

柏拉图的理型论

所有人都承认柏拉图是古希腊最重要的哲学家。本书无法对其全部哲学进行一一解说，所以在此我想先对其中较为出名的“理型论”进行说明。

小知识

柏拉图（Plátōn，公元前 427 年—前 347）：古希腊伟大的哲学家，提出了理型论，对后世的西方哲学带来了重大影响。同时，作为苏格拉底的弟子，柏拉图留下了许多以老师苏格拉底为登场人物的对话形式著作，如《会饮篇》《理想国》《苏格拉底的申辩》等。在苏格拉底被处死刑后，游历地中海各国。之后创办了柏拉图学院。

理型指的是事物的理念本体。

比方说，当看到三角尺、三角饭团或画在纸上的各个大小迥异的三角形时，我们能够瞬间理解这是“三角形”。这是因为在此情况下，首先存在“三角形”的本体（理型），其次我们才借此将各个呈现出三角形状的对象认定为“三角形”。也就是说，正因为有真正的三角形（超越各个三角形对象的本体），我们才能将各个对象直接认定为三角形。

但即使如此，这样的“三角形”的本体（理型）也根本不存在于现实世界之中。假设存在着一个理型的世界，而因为我们无意识中知道了这一点，所以在看到三角形对象的时候才能做出“这是三角形”的判断。

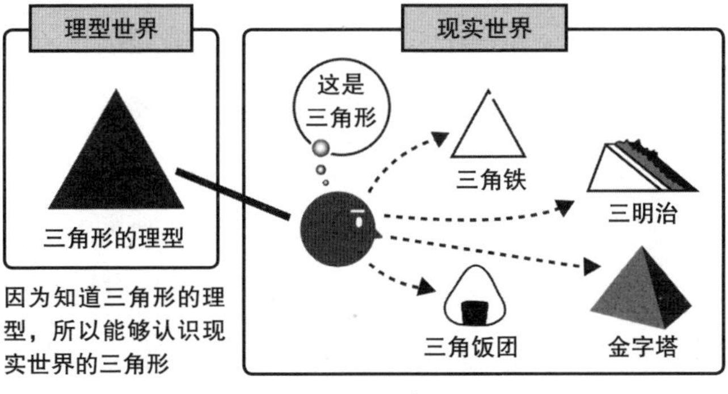

理型论

这一观点假设了一个超越现实世界的理型世界，其疑问点在于它将理型这一理念对象看作是实际存在的。事实上，作为“实在论”的理型论受到了严厉的批判。

但是，柏拉图提出的理型论，是为了探究“真善美”的本质。

如前文所述，在面对“世界是什么”的问题时，苏格拉底与柏拉图转变了想法，认为并非世界本身存在秩序，而是人类的知性（精神）给世界带来了秩序。

这时就出现了一个新的问题，人类的知性是如何为世界带来秩序的呢？柏拉图试图从“真善美”这一价值判断中寻求答案。

只要是动物，都会通过区分“是安全还是危险”“能否食用（能否提供营养）”“是敌人还是伙伴”来观察世界（的各个对象）。人类也有这一面，但人类则是通过“是好还是坏（善恶）”“是干净还是肮脏（美丑）”“是真还是假（真伪）”这类价值来观察世界，这种观察方式更接近本质。

因为这种价值判断并不是人类生活所必需的，它可以告诉我们“自己为何活着”，也可以决定我们“生命的意义”。

因此，柏拉图理型论的出现在哲学史上具有划时代的意义。因为它探究的并非世界的客观秩序和其本原，而是以“善恶”“美丑”和“真伪”决定世界秩序的人类的存在。

就这样，哲学从“探究世界本原”向“探究人类价值”迈出了重要的一步。

亚里士多德之后的哲学

亚里士多德的世界说明

柏拉图的弟子亚里士多德总结了自泰勒斯以来的所有哲学，并将其系统化，这为后世的哲学带来了重大影响。亚里士多德也因此被称为希腊哲学的集大成者。当时希腊的各个城邦已经衰退，广阔的疆域被亚历山大大帝统一。在此时代背景下，亚里士多德对扩大后的崭新世界进行总结归纳，试图赋予其意义。

亚里士多德对柏拉图的理型论持批判态度。因为他认为人类无法确认理型是否存在，并且这个理论无法说明世界中事物的变化和运动。但是，他还是继承了理型这一概念的基本脉络，并将其称为“形式”（Eidos）。

形式是现实世界中的“形式”，不可能存在于超越现实的理型世界中。它存在于个体的内部，是和意味着素材的“质料”（Hyle）相对立的概念。比如只要是木制的桌子，那么它的质料就是木，它的形式则是桌子。

很显然，“质料”这个概念是对初期希腊哲学中“元素”观念的继承。

亚里士多德也将初期希腊哲学中关注的“动因”称为“动力因”，再加上表示事物目的的“目的因”，因此将事物变化和运动的原因总结为质料因、形式因、动力因和目的因。

比如“房子”的质料因是“木材”等素材，动力因是盖房子的“人”，形式因是房子的“设计图”（房子的形式），目的因是“居住”。只要按照这个思路，就能对所有事物进行说明。

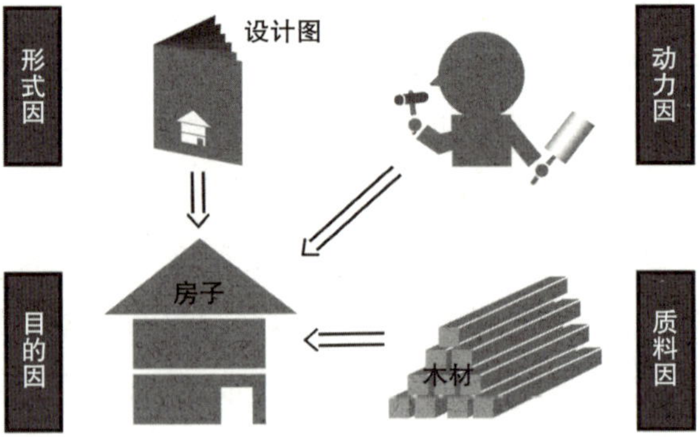

亚里士多德构想的四种世界变化运动的原因

就这样，亚里士多德在继承以往希腊哲学观点的同时，建立起哲学体系，将它们归纳为统一的语言，给后来的哲学带来了深远的影响。既然要通过语言对世界进行说明，那语言的统一就具有极为重要的意义。如果哲学是通过概念对事物进行思考的学问，那自然科学就更是如此。

事实上，亚里士多德的说明十分合理，具有很强的说服力。哪怕现在我们听到他的观点，也不会有太强烈的违和感。亚里士多德的观点之所以能给后来的哲学和自然科学带来重大影响，从某种意义上讲也是理所当然的。

小知识

亚里士多德（Aristotle，公元前384—前322）：与柏拉图比肩的古希腊哲学巨匠。亚里士多德结束了在柏拉图学院的学习之后，成了亚历山大大帝的家庭教师，之后回到雅典建立了吕克昂学院。除了哲学以外，亚里士多德还涉猎政治学、心理学、文学、天文学和生物学等方面，知识十分渊博，被称为“万学之祖”。主要著作有《形而上学》。

从古希腊哲学到中世纪神学

整理哲学概念、归纳希腊哲学和建立哲学体系是亚里士多德最伟大的功绩。但由于亚里士多德试图说明世界秩序本身，而使苏格拉底和柏拉图的视角转换变得模糊了起来。他没能继承“从人的知性中对世界秩序的原因进行观察”这一重要的视角转换，而是再次将焦点转移到了“世界是由什么组成的”这一问题上。

不仅如此，在这之后哲学迎来了一段漫长的停滞期。

公元前 4 世纪，古希腊城邦先被马其顿王国征服，随后又被罗马帝国征服，而哲学也随之出现了退潮的迹象。最终，随着罗马帝国的衰退，欧洲进入了被基督教掌控的中世纪。之后的近千年里，哲学都受到了来自神学的强烈影响。

即使如此，哲学的脚步也没有完全停止。

比如从希腊时代到罗马帝国时代，就存在着伊壁鸠鲁学派和斯多葛学派的哲学，两派展开了与个人生存之道相关的独特思考。再如新柏拉图主义的奠基人普罗提诺，他活跃于罗马帝国衰退期的公元 3 世纪，其思想继承了柏拉图的神秘主义。但到了 4 世纪中后期，他的思想仍给希波的奥古斯丁带来了巨大影响，且对初期基督教理论的确立起到了重要作用。

到了 13 世纪，基督教神学的集大成者——托马斯·阿奎那出现了。他的神学体系被称为经院哲学，虽然以上帝的存在证明为中心,但可以看出其在根本上受到了亚里士多德的影响。近代哲学正是在经院哲学的展开中迎来了它的准备期。

不过，在此期间，哲学前进的脚步十分缓慢，因为它必须以信仰基督教为前提。

在经历了文艺复兴和宗教改革，进入 17 世纪以后，哲学再次开始急速前进。笛卡尔、康德、黑格尔等哲学巨匠们在继承了希腊哲学后，获得了超越前人的成就。苏格拉底和柏拉图所完成的“由世界到人类的视角转换”也在近代哲学中以更为严密的形式再次登场。

“世界是由什么组成的”引出了“人类能否了解真实的世界”的认识问题，使后来的哲学发生了巨大变化。

小知识

托马斯·阿奎那（Thomas Aquinas，约1225—1274）：道明会的修道士，中世纪最伟大的哲学家，被称为“神学界之王”和“天使博士”。阿奎那运用亚里士多德的质料与形式两种概念对自然进行分析，建立了统一神学和哲学的庞大神学体系。其著作有《神学大全》。

03

人类能否认识世界？——近代哲学的发展

人类能否认识世界（关系图）

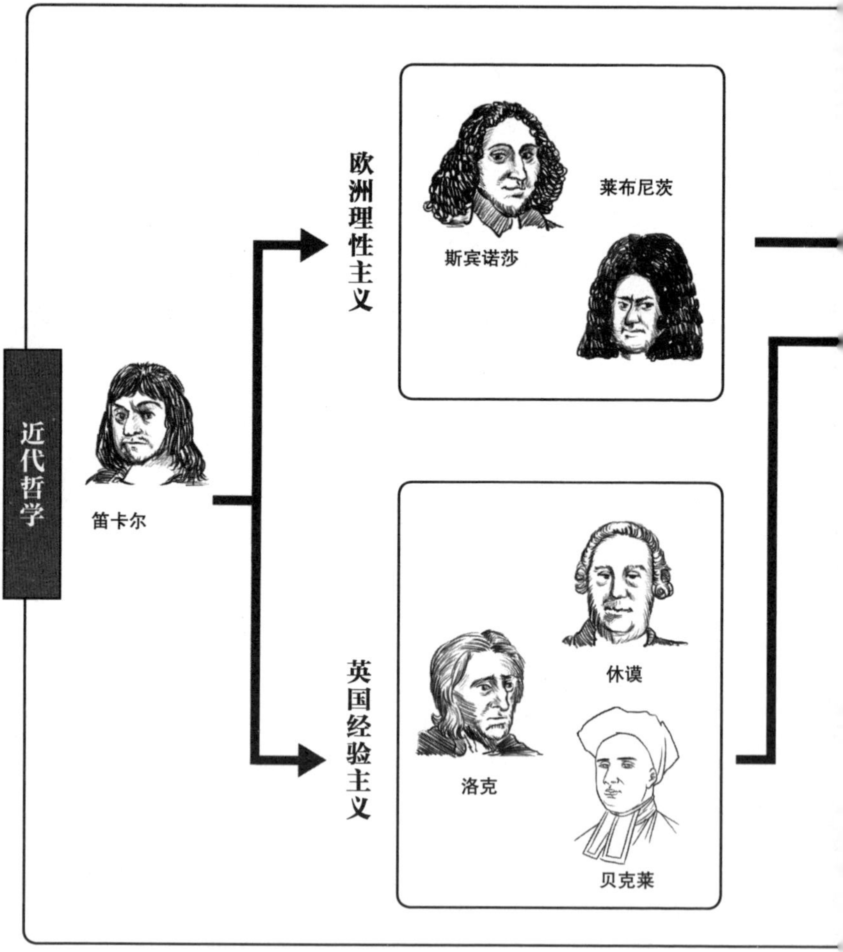

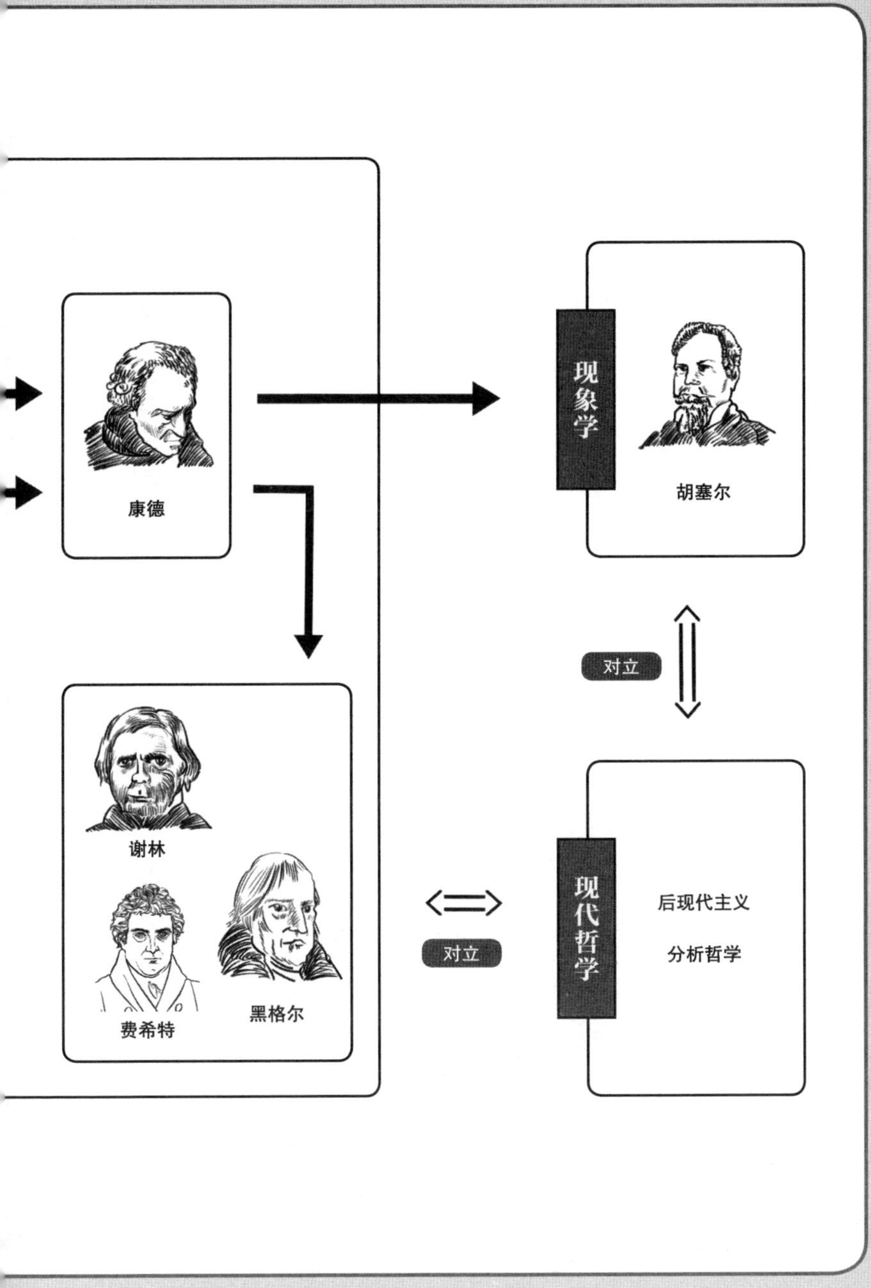
康德
谢林
费希特
黑格尔
对立
现象学
胡塞尔
对立
现代哲学
后现代主义
分析哲学

哲学的复兴

近代自然科学的诞生

在中世纪的欧洲，基督教具有极大影响力。基督教一般认为世界是由上帝创造的，世界上的各种现象都反映了上帝的意志。几乎没有人会去质疑基督教的世界图景。但随着商业都市渐渐开始发展起来，东方文化传入欧洲，开始有人对基督教的世界观产生疑问。

14 世纪，以意大利的商业为中心，人们渐渐地把注意力开始从上帝转移到人身上。这就是文艺复兴的开始，其人文主义给近代思想带来了极大影响。

到了 16 世纪，路德开始宗教改革之后，欧洲进入了新教与天主教相争的宗教战争时代。这一改革导致了教会权威的丧失，在很大程度上动摇了基督教的世界图景。

随后从 16 世纪到 17 世纪，哥白尼的日心说、伽利略的自由落体理论、牛顿的万有引力定律等学说纷纷出现，人们提出了新的世界图景（自然科学的世界图景）。这是一种遵循数学规律运动的机械般的世界图景，其规律是通过观察和实验而得出的。

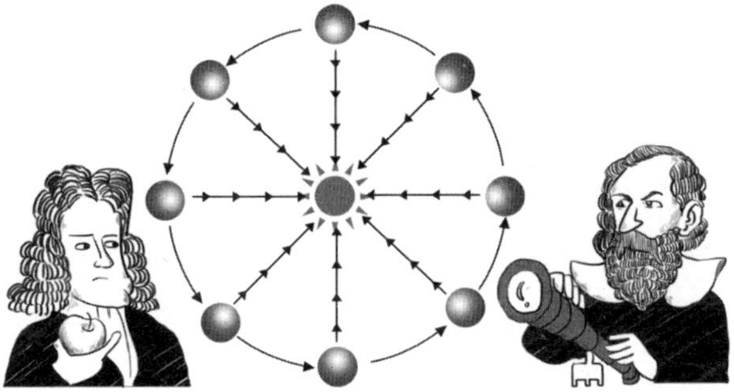

自然科学的兴起

自然科学的世界图景与基督教的世界图景之间存在着本质的区别。对于基督教的世界图景，人们只有两种选择：信与不信。而对于自然科学所提出的世界图景，所有人都能通过观察和实验进行确认，可以对其规律的正确性进行检验。

就这样，近代科学渐渐打破宗教迷信，为人们提供了一个更为合理的世界图景。在希腊哲学中也展开了一场不借助宗教故事而直接对所有人都能认可的世界图景进行探究的语言游戏。由于科学能够通过实验进行验证，能够获得更为广泛的共同理解，因而“世界是由什么组成的”这一自然秩序问题的解答责任便从哲学移交给了科学。

近代哲学的必要性

对于“世界是如何存在的”这一问题，可以通过科学提出假设，从而对人们的共同理解进行探究。但是，科学并不能给出“世界是如何存在的”这一问题的答案。同理，它也无法回答“我为何存在”的问题。

实际上，科学在面对这些与世界的意义或自身存在价值有关的问题时总是缄默不言。我这样说可能很多人会不理解。他们也许会认为，当宇宙物理学了解了宇宙起源与终结时，生命的意义问题不也就迎刃而解了吗？这种观点是可以理解的，毕竟科学的飞跃性发展带来的冲击足以让他们始终相信这一点。

但科学根本不会处理意义和价值的问题。因为这些主观问题会被重视客观性的科学排除在外。因此，给人们赋予了生命的意义和价值的宗教，其存在依然十分重要。无论科学怎么指出宗教的教义是毫无根据的，人们对上帝的信仰都不会轻易消失。

但在另一方面，由于科学的基础——理性主义的存在，人们也不再轻易相信《圣经》中的宗教故事了。因此，试图理性地证明上帝存在的观点——“自然神论”诞生了，并渐渐成为哲学的一个重要主题。

如上文所述，17 世纪到 18 世纪中叶，启蒙主义广为传播，人们通过理性合理地理解事物的倾向渐渐变强，此时哲学又背负起了新的课题——在意义与价值问题上寻求共同理解。

就这样，在 17 世纪之后，笛卡尔、斯宾诺莎、休谟、康德及黑格尔等近代哲学的佼佼者出现了。随着文艺复兴、宗教改革和启蒙主义的出现以及科学的进步，《圣经》和教会所描绘的世界图景产生了动摇。人们开始在世界的意义和生命价值问题上寻求新的共同体会。

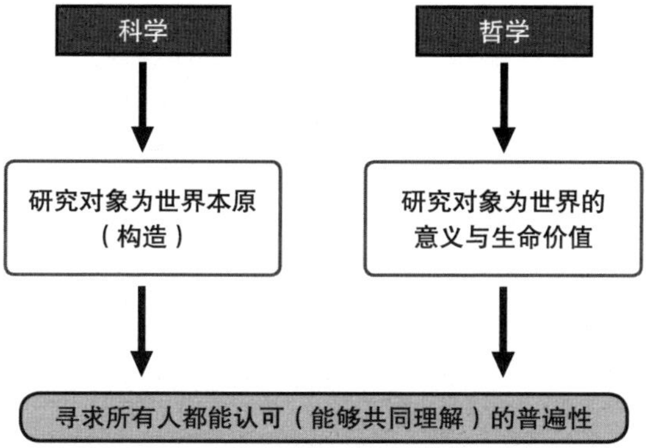

哲学与科学的共同之处

02 世界是可以理解的概念吗？

笛卡尔与近代哲学

我思故我在

笛卡尔是一位伟大的哲学家，被称为“近代哲学之父”，他为后来的哲学奠定了坚实的基础。虽然现在对他批判的声音很大，但在 17 世纪，他的革新性观点着实令人惊叹。他的思想也成了近代哲学的出发点，甚至可以说，所有的近代哲学都起源于他的思想。

笛卡尔由于游历了欧洲各地，接触了各种思想和价值观，才得以察觉到人们所抱有的信念与价值观不过是基于习惯的信仰罢了。这在学问上也是一样的。

当时以基督教为基础的经院哲学渐渐衰退，各种学说纵横交错，认为“不存在任何确切事物”的怀疑主义也曾一度十分流行。因此，精通数学、医学和物理学的超一流自然科学家笛卡尔开始认真地考虑“解决这些对立的关键是什么”“是否存在统一的哲学基础”。

他的初次尝试是“怀疑一切”。

假设我们正一边大口吃着桌上的零食，一边观看棒球比赛。弥漫于口中的零食的甜味，飒爽的击球姿势和解说员沙哑的声音，这一切都是现实，都是真实存在的。通常我们都不会对这些过于真实的感受产生怀疑。

但如果仔细想想，这一切可能是“梦”，也有可能是“恶灵”在欺骗我们，让我们把幻觉当作现实。

虽然这些想法看起来有些天马行空，但能够否定上述可能性的证据并不存在。

简言之，对于通过感觉认识的对象，我们可以有千种万种质疑的方法。

于是笛卡尔想到，那么就故意怀疑得彻底一些，看看是否存在没有怀疑余地的确切事物。

像这样为了便于达成目的而使用怀疑的方法被称为“方法的怀疑”，那么究竟能不能找出确切的事物呢？

我们眼前所见的事物，所听到的声音确实有可能是梦或幻觉，我们也无法否定这个可能性的存在。但会有这种想法的“我”则不可能是不存在的。因为如果“我”不存在，那么“我”

就不可能会有这样的想法。著名的哲学命题“我思故我在”就是这样被推导出来的。

我思故我在

由于很多人都可以通过独立思考来验证这个观点，所以它得到了许多人的认可，是非常优秀的哲学思想。

除此之外，不同于古希腊哲学，笛卡尔最初就没有将世界的存在性作为前提。在试图从世界本身（客观）中寻求“世界是什么”这一问题的答案之前，他首先提出了“人类能否认识世界”的问题。

我们还可以更进一步说，是笛卡尔将“人类的理性能否理解世界的真实（真理）”这一重要问题带到了哲学领域。而且，他还将解决问题的出发点建立在意识这一主观之上。就这点上来看，笛卡尔的方法论决定了之后的哲学方向。

后来，以“世界是如何出现在‘我’的主观（意识）中的，它又和客观世界有着怎样的联系”这类问题为中心的探究成了近代哲学的主流。

小知识

笛卡尔（René Descartes，1596—1650）：奠定了近代哲学基础的法国哲学家，被称为“近代哲学之父”。年轻时他投身军队，并在军营中研究数学。在历经多次旅行之后，定居于荷兰继续自己的研究。晚年受到瑞典女王的邀请进行哲学方面的讲座，著书有《谈谈方法》《论灵魂的激情》《第一哲学沉思集》《哲学原理》等。

笛卡尔留下的难题

尽管“我”的存在是确切的，但现在“我”眼前的“世界”就一定是实际存在的吗？

笛卡尔的回答是“Yes”。他说，“我”所见的世界并非梦幻，而是实际存在的，这是因为上帝是存在的。

一方面，虽然“我”的存在毋庸置疑，但只要“我”在怀疑，“我”就是不完整的存在。如果“我”是完整的存在，那么“我”应该不会产生怀疑。另一方面，“我”拥有“上帝”这一完整的观念。因为完整的事物不可能从不完整的事物中诞生，所以“上帝”这一观念并不是从“我”的存在中诞生的。因此，“上帝”一定存在于某处（上帝的存在证明）。

笛卡尔认为，假设上帝存在，而“我”则是由上帝创造出来的，那么“我”的理性和认识能力就不可能是胡编乱造的。因为身为完整存在的上帝绝不会欺骗“我”。因此，“我”所认识的世界也应该是实际存在的。“我”的意识所反映出的世界应该是正确的，主观和客观也是一致的。

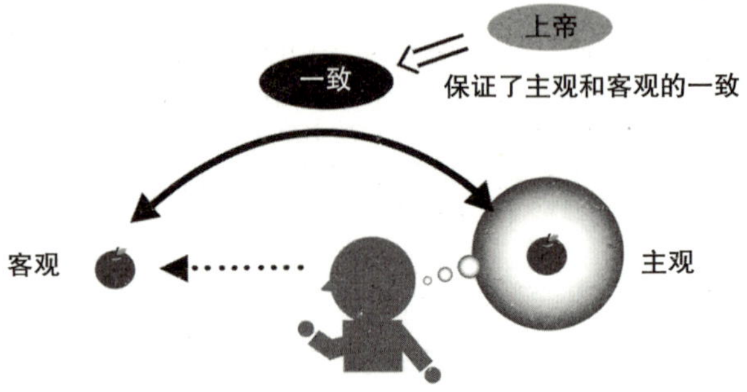

笛卡尔主张的主观与客观的一致

不过，对于笛卡尔的“上帝的存在证明”，说实话，它和“我”的存在推理相比毫无说服力，听完也不会有豁然开朗的感觉。之后的主观与客观的一致论证也是一样。虽然笛卡尔的“上帝的存在证明”是用来证明客观世界的存在，但非常遗憾的是，他失败了。

因此，“出现在‘我’意识（主观）中的世界，到底是不是客观世界的正确写照，主观与客观是否一致”这一“主客一致的难题”并没有得到解决，这在笛卡尔之后的哲学界引起了各种各样的议论。

不过，笛卡尔还留下了另一个难题，那就是“物质与精神之间存在何种联系”这一“心物二元论”难题，也是从主观与客观的谜题中产生的问题。

笛卡尔认为，由于物质的本质是“广延”（占据空间），而精神的本质是“思维”，所以是两个截然不同的实体。他提出“心物二元论”，认为世界是由物质和精神这两个不同的实体构成的。

虽然身体属于物质，但假设人类是由身体和精神共同组成的，精神驱动着身体，那么这两个截然不同的实体又是如何连接在一起的呢？

对此，笛卡尔认为，人的大脑里存在名为松果体的器官，就是这个器官连接着精神与身体，但这个解释也毫无说服力。

至此，认为只有物质才是实体的“唯物主义”（认为世界上只存在物质的学说）和认为只有精神才是实体的“唯心主义”（认为世界上只存在精神的学说）便出现了。心物二元论开始走向了对立。

笛卡尔就这样留下了两个难题，从这两个难题后来成了哲学的主要课题这一点上，我们也能看出笛卡尔的影响力之大。最重要的是，他以认识为主轴对意识（主观）中的世界进行探究的思想为休谟、康德和胡塞尔的现象学所继承，这也就是笛卡尔被称为“近代哲学之父”的缘由。

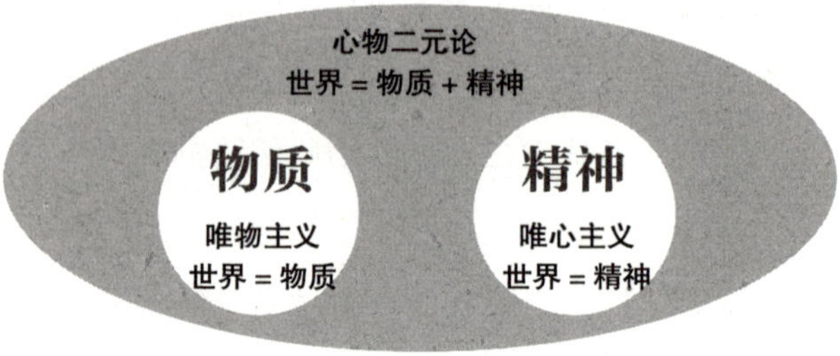

心物二元论、唯物论、唯心论

03 欧洲理性主义与英国经验主义

斯宾诺莎、洛克、休谟

欧洲理性主义

虽然笛卡尔借助两个本原（精神与物质、主观与客观的二元论）对世界进行了说明，但有不少哲学家认为其说明并不完整，于是他们开始思考能否通过一种本原对世界进行说明。“如何克服二元论”就成了哲学的一大重要课题。

就这样，围绕着笛卡尔留下的二元论难题，哲学分为两种见解不同的观点：一种是以斯宾诺莎和莱布尼茨等人为代表的“欧洲理性主义”，另一种则是以洛克、贝克莱和休谟等人为首的“英国经验主义”。

小知识

斯宾诺莎（Baruch de Spinoza，1632—1677）：荷兰哲学家。匿名发表了《神学政治论》，虽然被批判为无神论者，但后来重新得到人们的认可，并给德国浪漫主义和黑格尔带来了巨大影响，主要著作为《伦理学》。

欧洲理性主义认为世界是拥有合理秩序的实体，人们可以通过理性推理（演绎）把握世界，从这点上看，和笛卡尔的观点是共通的。应该说，它更多是继承了笛卡尔的观点。

笛卡尔认为世界是一种遵循力学规律运动的类似机械装置的事物，提出了机械唯物的世界图景。他还认为，只要借助理性的力量进行推理（演绎）就能认识到世界的构造。也就是说，他首先承认了世界的存在，然后再对“世界是由什么组成的”这一问题进行探讨。从这点来看，他与斯宾诺莎和莱布尼茨也没有区别。

那么，他们之间的不同点又在哪儿呢？笛卡尔通过二元论对世界进行说明，认为精神和机械唯物的客观世界并不存在于同一次元内。这种世界图景对于排除主观、试图通过力学上的因果规律对世界进行说明的近代科学而言是十分有利的。

当时（17 世纪中后期）由于牛顿的出现，近代科学开始进入飞速发展期，笛卡尔提出的世界图景才被广泛接受。

比如，斯宾诺莎在他的主要著作《伦理学》中提出，上帝才是永恒无限的唯一实体，精神与物质不过是上帝的两个侧面罢了。这一观点通过一元论消除了心物二元论的矛盾，亦对精神与身体相关的理由进行说明。

斯宾诺莎的哲学是“世间万物都是上帝”的泛神论，他认为万物都是由上帝属性所创造出的样态。所有的事物都是换了姿态的上帝，上帝遍布在世界之中。这听起来有点像单纯的神秘主义，但他却试图通过几何方法对此进行严密的论证。

即使如此，这个观点能够解决“精神为何能够认识自然”这样的产生于二元论的认识问题。因为只要精神和自然都是上帝的体现，那么其中就不会产生矛盾。就这样，斯宾诺莎通过一元论解决了二元论的问题。

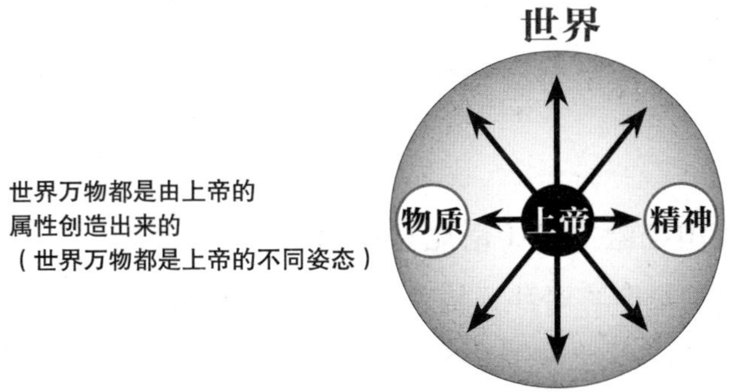

斯宾诺莎的泛神论

另外，莱布尼茨则认为世界是由无数的实体组成的，并将这个实体称为“单子”。

单子由上帝创造，不会因外部事物的影响而发生变化，是一种不可分割的存在。虽然它和德谟克利特提出的原子有些相似，但它并非物质实体，而是作为精神实体在自身的内部反映出各种各样的世界。各种各样的单子充当着世界的表象，宇宙也是由无数个单子构成的。

虽然莱布尼茨的世界图景看似不可思议，但其实他也试图通过一元论克服笛卡尔的二元论。他通过让单子承担表象的职责，成功地消除了物质与精神的二元论。

小知识

莱布尼茨（Gottfried Wilhelm Leibniz，1646—1716）：德国哲学家。他是一位活跃于神学、政治学、物理学、微积分等学术领域的天才，其逻辑学的建树给现代符号逻辑学带来了巨大影响。作为优秀的政治家，他在各项工作中都发挥了自己的才能，主要著作为《单子论》。

英国经验主义（洛克与休谟）

无论是斯宾诺莎还是莱布尼茨，都很难说他们超越了笛卡尔的二元论。无论欧洲理性主义给出怎样的客观世界构图，它所认识的都是主观，因为我们只能认识到自己意识中的世界。

对此，英国经验主义则将注意力集中于“世界的观念是如何在主观中形成的”这一问题上。

这个观点继承了以“意识＝主观”为出发点的笛卡尔的方法，其方法论为后来康德与胡塞尔等人的哲学起到了架桥的重要作用。

洛克最早注意到了主观中的观念问题，他研究的是“人类能否认识真理”。

小知识

洛克（John Locke，1632—1704）：英国哲学家，英国经验主义与社会契约论的代表人物。作为光荣革命的意识形态，洛克提倡排除国家对个人的干涉的民主主义思想，为近代自由主义式的个人主义带来了重大影响，著书有《政府论》和《人类理解论》等。

洛克认为，人类的精神在出生时是白纸一张，人通过感觉与内省将各种观念积蓄在精神里，复杂的观念由单纯的观念组合而成。因此，欧洲理性主义中的前提“天生观念”并不存在，人类也不可能事先就了解了真理。

另外，洛克承认世界（物体）存在于精神外部。他认为，要想让观念出现在人类的精神中，其成因（物体）必须要在精神的外部。外部物体不变的性质（第一性质）在精神中被表现为单纯观念（广延、形状、运动、数量等）。我们的知性所认识的并非自然本身，而是通过对外部的感知而获得的观念。

就这样，洛克在承认客观世界存在的基础上，探究它在人类的主观中是如何被认识的。

但是，就算精神内部会产生观念，也不意味着精神外部存在观念所反映的物体。在这一点上，洛克的主张存在明显的矛盾。

哲学家贝克莱认为，精神外部的客观世界的存在性是无法证明的。同时，贝克莱还是一位牧师，他最终得出“是上帝将观念送到人类的精神中”的结论，但结果他还是将精神外部世界的存在作为前提。

对此，休谟认为，主观的外部存在着某种事物，无论这个事物是客观世界还是上帝，这一观点本身不过就是一个假说罢了，它是绝对无法被证明的。

小知识

休谟（David Hume，1711—1776）：贯彻了英国经验主义的哲学家。在 28 岁时发表了伟大著作《人性论》，著书有《人类理解研究》等，其“怀疑一切”的大胆尝试给康德带来了强烈影响。同时，他还是历史学家和外交官。虽然人们对休谟的印象是一个过激的怀疑主义者和无神论者，但他其实性格温和、受人尊重。

假设现在我们能看到眼前有一座山，然后我们闭上眼，再睁开，依然能看到这座山。因此，我们不会对山的客观存在抱有疑问。但是，这可能是因为我们闭眼前后的表象相似，才认为它们是同一物体，实际上我们并不知道山是否真正存在。

我们之所以会把山当作独立于意识的存在，其实只是因为我们的习惯中产生了信念。最初看到的山的观念和闭眼之后看到的山的观念相结合，才使我们最终产生了“那里有山”的确信。

虽然科学探究的自然规律可以用因果关系来说明，但其中伴随着“一定会变成这样”的必然性观念。不过，这类因果关系的观念也产生于习惯。

当我们靠近火焰时会感到炽热，此时我们会认为，是“火焰”这一原因导致了“炽热”的结果。但这只是因为我们在看到火焰之后立刻感受到了热量。由于这两个观念在时间和空间上都较为接近，所以我们在思考时才会把它们联系起来，并确信其中存在因果关系，这也是信念的一种。

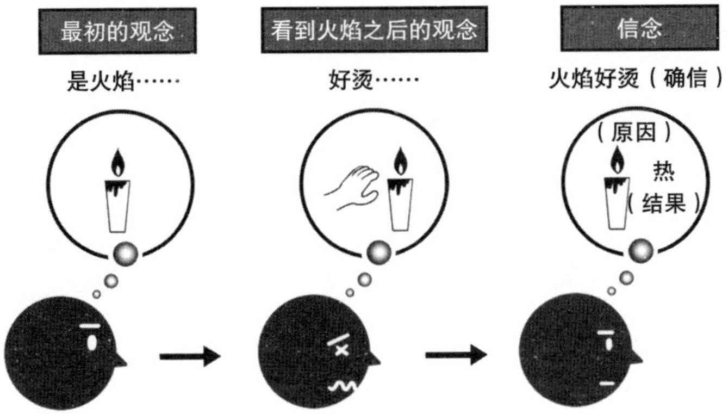

休谟的怀疑主义

在英国经验主义中，休谟的观点对逻辑的贯彻最为彻底，对以客观世界的存在为前提的欧洲理性主义发起了尖锐批判。

笛卡尔与斯宾诺莎认为，由于世界秩序都是上帝创造的，理性的能力也是上帝所赐予的，所以理性一定能够依照严密的规则理解世界秩序。但现在看起来，这个观点十分不可靠。因为它也以客观世界的存在为前提，还给试图理性解释客观世界的自然科学带来了疑问。

那么，客观认识真的不存在吗？

康德针对休谟提出的重大问题发起了挑战。

康德的理性批判

康德的“纯粹理性批判”

康德在《纯粹理性批判》中提出，人类无法客观地认识世界本身。因为我们眼前的世界都是“我”意识（主观）里的世界，没有人能够保证它正确地反映了主观外部的客观世界。从原理上讲，人类无法直接认识主观外部的客观世界本身（物自体）。

那么，客观认识是不成立的吗？但又好像并非如此。

康德认为，就算人类无法认识客观世界本身，但在主观世界中，也存在能和他人共同理解（相互承认）的秩序。因为这是所有人都承认的秩序，所以我们也可称其为“具有客观性”。

简言之，客观世界本身是无法认识“被想象出来的世界”（超验世界）的，而“主观世界”（经验世界）则是可以认识的，且其中的秩序可以与他人共享。这个观点支撑着自然科学的客观性。

那么，为什么主观中的秩序能够和他人共享（共同理解）呢？这是因为人类认识的构造是相同的。

如果我们眼镜镜片的颜色和他人一样，那么我们所看到的世界的颜色应该也和他人一样。在交谈时，也不会感到相互之间的世界认识存在差异。同理，只要人类认识世界的构造（认识装置）相同，那么共同理解就是成立的。

康德将人类的认识装置分为“感性”“知性”和“理性”。

首先，“感性”赋予了世界时间和空间的框架。正因为感性的存在，我们才能分辨空间上的“这里”和“那里”，区分时间上的“现在”和“刚才”。

当对象有了时间和空间的定位之后，再由“知性”给其添加秩序，做出某种判断规则，并根据知性判断规则的范畴（量、质、关系和模态）对认识对象进行归纳总结。这样一来，我们就能了解对象的状态。

重要的是，通过上述方法获得的世界秩序并不属于“世界本身”，而是“我”的感性和知性所赋予的秩序。尽管如此，这也并不意味着它不具有客观性。只要“我”以外的人们也具备同样的认识装置，以同样的方式赋予世界秩序，我们就可以共享自己的认识。

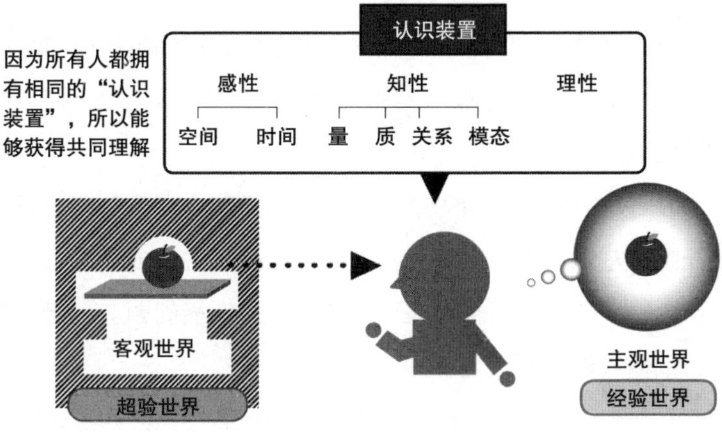

康德的认识构造

这样一来，就能够理解为什么文化不同的人也能在数学和自然等因果关系的认识上达成共同理解。虽然英国经验主义无法对这种客观性和普遍性的成立进行说明，但对于这一谜题，康德给出了他独到的解释。

小知识

康德（Immanuel Kant，1724—1804）：德国哲学家，统一欧洲理性主义和英国经验主义，并对近代科学知识论的依据和自由问题进行论证。性格严谨直率。由于他每天散步的时间固定，于是周围的人都靠他来校对自己手表的时间。著作包括《纯粹理性批判》《实践理性批判》和《判断力批判》。

理性的要求与二律背反

康德又对人类的“理性”进行考察，通过证明其极限解决了以往形而上学的问题。就这样，康德达成了哲学史上无与伦比的壮举。

形而上学的问题指的是“世界有起点和终点吗”“物质可以无限分割吗”“所有事物都遵循因果规律吗？或者说它们拥有自由吗”“上帝是否存在”等的问题（究极问题）。自古以来，许多人都为之烦恼。

但康德认为这些都是“没有答案的问题”。因为这些问题都存在“二律背反”。

二律背反意味着两个对立的命题都可以得到证明。比方说，对于“世界有起点吗”这一问题，只要我们能够证明“世界有起点”和“世界没有起点”的其中一个命题正确，而另一个命题错误，那么问题就迎刃而解了。但实际上，我们可以证明这两个命题都是正确的。

同理，“物质可以无限分割吗”这一问题也没有答案。

那么，为什么会出现这类问题呢？康德认为，这是因为人类的推理能力——“理性”具有彻底探究事物的存在理由，总是追求完整的本性。

因此，当我们假设“世界有起点”时，理性会对这个“起点”之前的世界进行推理，并且在获得完整的答案（没有质疑余地的答案）之前都不会停歇，直至得到“世界没有起点”的结论。另外，当假设“世界没有起点”时，就意味着我们无法把握世界整体，这对力求掌握完整世界的理性而言是不可容忍的，因此就又有了“世界有起点”的结论。

于是，两个相互对立的命题就这样成立了。同样的推理还发生在“世界有终点”和“世界没有终点”“物质可以无限分割”和“物质不能无限分割”等二律背反中。

人类能够准确描述的只有主观世界，而理性则试图超越主观认识世界的完整姿态。这时，绝对无法解答的谜题就诞生了。也就是说，虽然这类形而上学的问题没有答案，但人类的天性使我们不断地探究这些问题。

道德与自由

也许有不少人会感到疑惑，如果说形而上学的问题没有答案，那么哲学究竟能做些什么呢？可能还有人认为，对自己而言，除了形而上学问题的答案之外，哲学没有其他任何追求。

但康德并不认为形而上学是无用功。虽然形而上学所探究的对象都是不可认识的，但它们可以作为意志和欲望的根据，成为实践的指标。哪怕这些对象在理论上不可认识，但对我们的实践而言，也是必不可少的。

此时，康德想到了“自由”的问题，从理论上说人类的自由与否是无法认识的，但在道德实践中则以自由的存在为前提。因为，如果行为不是自由的，那么所谓的基于道德善恶判断的行为也将变得毫无意义，如下图所示。

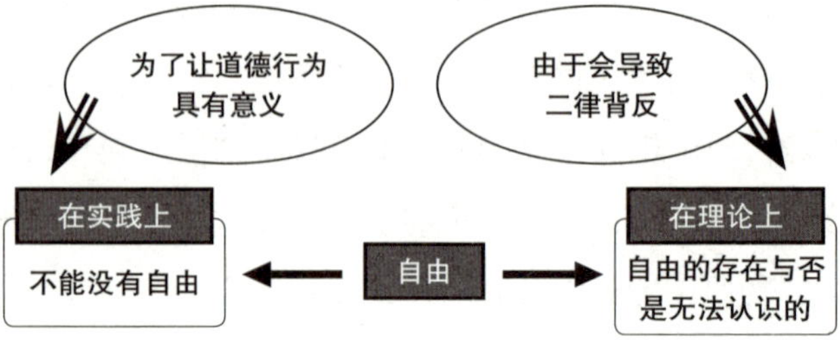

是否存在自由

我们试着回想前文中提到的问题（二律背反问题）——“所有事物都遵循因果规律吗？或者说它们拥有自由吗”。

比方说，人类是一种行为不被冲动左右，能够抑制自身欲望，试图施行道德行为的存在。

这时，如果将我的道德行为放入自然的因果关联中进行思考，就会发现，这个行为绝非自由的。因为我的行为可能是受到了父亲也可能是母亲的影响……诸如此类，我们可以追溯出无数种外在原因。

只要我们还认为世界秩序是存在因果关系的，那么世界上就没有自由。

但由于这种因果秩序是“我”的主观所赋予的，所以就意味着“我”处在因果秩序的外部，即不受因果关系的限制。只要把“我”当作认识的对象，就会觉得自己好像被卷入因果关系之中，没有自由。但“我”作为以自身意志进行实践的主体，是不能没有自由的。

随后康德认为，自由是通过道德行为（抑制以自我为中心的冲动，施行为他人着想的善行）而实现的。

那么，究竟什么才是“善行”呢？

对此，康德在《实践理性批判》中写下了这样一句著名的表述：“要这样行动，使得你的意志的准则任何时候都能同时被看作一个普遍立法的原则。”也就是说，你的行为不能是自顾自的，只有符合了所有人都应该遵从的、能给世间带来整体调和的行为基准时，这个行为才能被称作“善行”。

像这样，当人既不以社会价值观或某人的言行为依据展开行动也不受冲动的影响，而是独立思考，理性地判断后再行动，人类才会拥有自由，而这种自由只出现在道德行为中。

康德的功绩与问题点

综上所述，对于“人类的认识可能是客观的吗？”这一问题，康德给出了“完全有可能”的回答。

休谟说，我们无法正确地认识主观外部的客观世界（世界本身）。这一点我们不得不承认，并且康德的出发点也是“物自体是不可认识的”。

但另一方面，康德也认为，就算我们无法认识客观世界本身，但主观世界的秩序是能和他人共同理解的。这是因为我们和他人具有同样的认识构造（装置），既然我们能够和他人共同理解，那么这个秩序就具有普遍性，我们便可以称之为客观认识。

康德把这种思想的转变称为“哥白尼式革命”。事实上，这的确是一种崭新的普遍性的理解方式。

因此，问题在于我们需要在主观内探究主观世界的秩序是如何构成的，为什么我们会认识到这样的世界秩序。

康德把这种探究的学问称为“超验哲学”，并用其独到的理论对主观的构造进行了说明——所有进入感觉器官的信息，都会受到主观范畴的加工和判断。

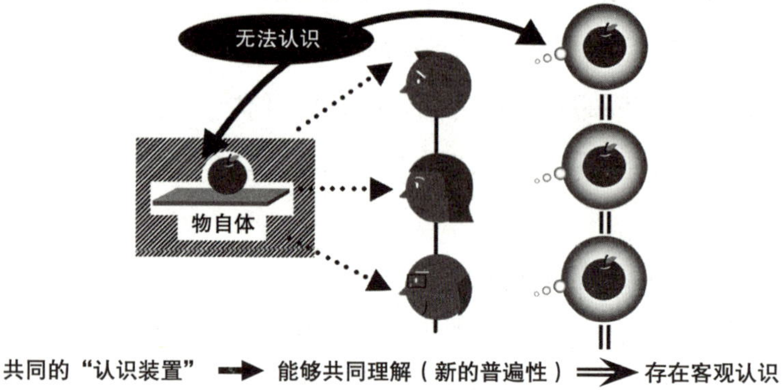

共同的“认识装置”带来的普遍性

但是，康德的观点还有几个问题。

首先康德认为，产生认识的范畴的形式已经预先存在于主观之中，但并没有明确的依据。

其次更重要的是，康德还假想出了主观外部的物自体的存在。

康德认为，主观外部的物自体是无法认识的。但严密地说，既然认识不可能超越主观，那么我们甚至无法确认所谓的物自体是否存在于主观的外部。也就是说，康德不过是在主观上确信了物自体的存在而已。

另外，康德有关道德的观点不依赖于传统价值观、信仰和特定思想，而重视洞察，是极为近代式的道德观，更是近代哲学的重大成果。

但是，仔细想想就会发现，我们很难轻易断言说 “只要经过洞察就能了解普遍的‘善行’”。

康德认为人首先必须要有追求道德的行为，那这个义务又是从何而来呢?

如果说只要行为符合道德，自身就能获得幸福的话，那还能够理解。但是，康德的义务主义则认为不管人幸福与否都必须遵守道德法则。也就是说，就算我们的生活方式符合道德，也未必能够获得幸福（德福一致的难题）。

因此，康德认为“上帝必须存在”，这样上帝就会给符合道德规范的我们带来幸福。这对生活在现代的我们而言应该是难以理解的。

康德之后的德国唯心主义

毫无疑问，康德在哲学史上留下了重要的功绩。他揭开了时刻追求完整性的理性本质，给没有答案的形而上学画上了句号。此外，他开拓出考察主观普遍性的超验哲学，还提出了近代道德观，这些都是哲学史上极为重要的工作。

首先，康德将世界分为“意识世界”和“意识外部存在的物自体的世界”，从这点上看，他的观点还是属于“二元论”。不过在康德的理论中，这也算是理论意识和实践意识的分裂。因此，康德以后出现的德国唯心主义则试图将这个分裂统一起来。

比如，费希特将康德划分的认识精神和实践精神统一起来，并将这个统一后的事物称为自我。谢林则认为精神与自然、主体与客体都是同一事物。他们都试图通过一元论克服康德的二元论。

小知识

费希特（Johann Gottlieb Fichte，1762—1814）：德国唯心主义哲学家。曾试图超越康德的二元论。发表了著名的《对德意志民族的演讲》，其内容还成为反拿破仑战争的意识形态。他是一位意志坚定的理想主义者，在担任了柏林大学校长之后，也曾志愿参军加入反法战争。

但问题在于，费希特和谢林的观点与斯宾诺莎等人的欧洲理性主义一样，都对“世界是由什么组成的”进行了事先讨论。

因为我们无法证明这样的世界是否存在，而康德正是为了解决这一问题才提出了上述理论。

费希特和谢林最终还是没能超越康德。但当和他们属于同一系谱的最后一位大人物黑格尔出场之后，哲学便有了飞跃性的进展。

小知识

谢林（Friedrich Wilhelm Joseph von Schelling，1775—1854）：德国唯心主义哲学家。著作有《先验唯心论体系》等。

黑格尔的精神现象学

黑格尔辩证法

黑格尔被认为是近代最伟大的哲学家，他活跃于 18 世纪末到 19 世纪初的德国，给之后的思想、哲学带来了极大的影响。虽然现代哲学的主流是反对黑格尔的观点，但这些哲学还是都以黑格尔的哲学为出发点。

康德认为意识的外部世界（物自体）是人类无法认识的，因为人类的认识能力存在着极限。但是黑格尔在其主要著作《精神现象学》写到，所有对象都在意识内得到体验，所以没必要考虑意识外部的事情。也就是说，我们不需要像康德那样在意识外部假想出一个无法认识的客观对象，而只需要考虑“自己应该如何了解意识内部的对象”。

曾经，我们相信意识外部存在客观对象，而能不能认识这个客观对象成了哲学的一个重要问题。但如果只在意识层面进行思考，认识的发展应该就像下面这样。

首先，①客观对象以某种姿态出现在人类意识之中（最初的肯定判断）。②当观点①被否定，人类意识产生了混乱（否定①的判断）。③否定②的判断，形成新的观点（①的否定之否定）。

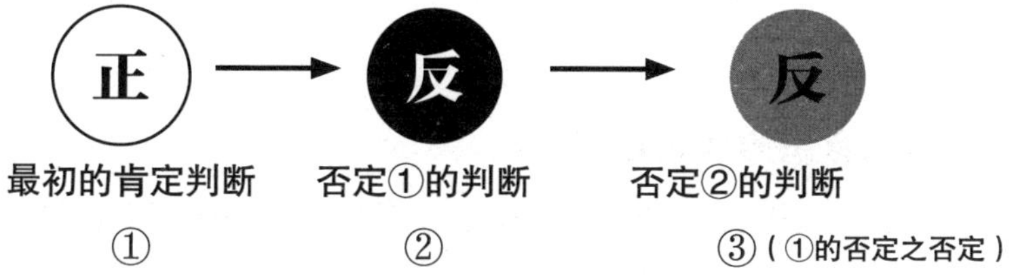

辩证法的认识流程

从人生态度的角度来说，假设我最开始认为“快乐是最重要的，社会规则与我无关”，一心只想为爱情而活，当我的孩子出生后，我就不得不担当起作为父母的职责，重新面对自己曾经不屑一顾的社会规则。这时，我又要开始考虑怎样的社会规则才会对我有利。

不仅如此，这类认识流程同时还能让人意识到“自我”。

对于社会的观点，也与自我的欲望和兴趣有密切的联系。

反省意识对象，就意味着重新把握对象和观察对象的自我，让我们不得不意识到自我这一主体。

总的来说，意识对象的出现和自我相关，所有意识都是“自我意识”。

小知识

黑格尔(Georg Wilhelm Friedrich Hegel, 1770—1831)：德国哲学家。年轻时，他曾为法国大革命的成功而狂热，担任柏林大学的校长，给思想界带来了极大的影响。著书有《精神现象学》《逻辑学》和《法哲学原理》等。黑格尔以后的哲学，包括反对观点在内，都受到了黑格尔的影响。

自我意识的成长过程

黑格尔认为，通过自我和对象的不断反省，认识会得到统一，自我意识也会得到成长。

在《精神现象学》中，黑格尔按照人类宏伟的历史进展描写了自我意识的发展过程。世界史上人类精神前进的步伐被表述为“意识”“自我意识”“理性”这一意识经验的发展。

如果按照顺序说明，可以展开以下表述。

在历史初期，人们为寻求相互的自立性（自由）而斗争，胜者成为主人，败者则沦为奴隶。但是，主人所获得的自由依赖于奴隶的承认和奴隶的劳动。对此，奴隶通过劳动了解到抑制欲望的方法，拥有了获得真正自由的自我意识的契机。

在古罗马时代，诸如“斯多葛主义”“怀疑主义”(Skepticism)

以及“不幸的意识”等尚未成熟的自我意识最终经历中世纪基督教时代而转变为追求普遍性的“普遍意识”。也就是说，意识从最开始的以自我为中心的意识发展成最后追求普遍性的自我意识——理性。

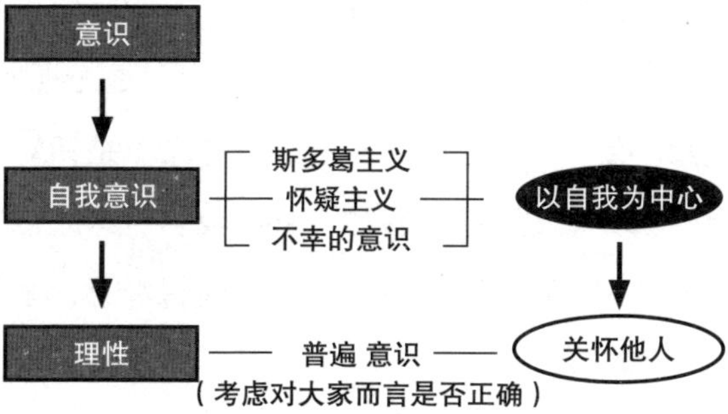

意识经验的发展

到了近代，慢慢成熟起来的自我意识——理性最初试图在自然中发现自我，只对自然进行观察。但之后为了找到自己所相信的理性秩序，探求能和个人欲望、社会规则相结合的观点，开始积极地展开行动。这就是统一个体与普遍的尝试，理性不再只追求自身的承认，而成长为试图获得万人承认的意识。

就这样，那些试图实现被万人承认的社会的人们掀起了以法国大革命为首的各种市民革命（资本主义革命），开辟了通往市民社会的道路。

最开始以自我为中心的意识（自我意识）慢慢成长为心系众人的理性。《精神现象学》中所描绘的人类历史，正是我们自身的意识成长，并渐渐获得自由的过程。

从承认欲求到“物自身”

就算我把这个问题作为伴随历史进展的精神史来解释，可能读者也不会有太大感触。因此，我决定把这一过程重新解释为个人的精神成长过程。

首先来介绍尚未成熟的自我意识——“斯多葛主义”“怀疑主义”和“不幸的意识”。“斯多葛主义”是无视他人意见，认为“我就是我”的超然意识。“怀疑主义”是只对他人进行批判，坚信“只有我是特别的”“只有我明白这一点”的怀疑式的冷笑意识。“不幸的意识”则信奉理想观念，坚信“我们才是正义”的意识。

这些意识的共同之处在于，它们都以自我为中心，坚信“自己是正确的”。就算别人不承认自己的正确性，自己也要承认。

只对自己感兴趣而无视他人的人，总是对他人的观点表示不满，做出一副“我比你更清楚”的样子。盲目相信新兴宗教和政治思想、强迫别人接受自己是正义的人，日常生活中比比皆是。就算没有这么极端，许多人在年轻时都很容易以自我为中心，陷入这种偏激的思维方式之中。

但如果总是执着于这种以自我为中心的思想，无视他人的评价，早晚有一天会被周围人摒弃。而且不管本人如何自顾自地承认自己的正确性，如果长时间没有获得他人的认同（承认），心中不安的情绪就会渐渐高涨，进而开始产生难以忍受的痛苦。

为此，许多人会反省自己以自我为中心的思想，开始积极地接受他人的评价。也就是说，他们会为了获得周围人的承认而开始展开积极的行动。

更进一步说，通过周围人的评价（承认或否认），人类才会首先意识到哪些行为或作品能够获得更多人的承认，然后开始追求所有人都承认的“真正的价值”。这是人类对于被他人承认的价值本身的欲望，黑格尔将这个普遍的价值称作“物自身”。

比方说，当制作绘画、音乐和料理等作品的人们意识到，自己的作品不仅能够获得周围人的评价和赞赏，而且其价值还会被所有人承认时，他们就会追求能称得上“真正的绘画”“真正的音乐”“真正的料理”等具有普遍价值的作品。从事护理和与教育相关工作的人也会因为周围人的共鸣和赞赏，或是批判，而去追求能称得上“真正的护理”和“真正的教育”的普遍价值。

如上文所述，虽然人最初容易抱有以自我为中心的思想，但如果没有他人的承认，就无法对自己的存在价值产生信心。因此，人们最终会为了获得他人的承认而展开积极行动，并且去追求能被更多人承认的行为或作品。在这些行为和作品中，寻求价值的普遍性。

正如我在前文所提到的那样，《精神现象学》中介绍了以自我为中心的自我意识成熟于近代，并伴随着历史进程而成长的人类精神史。另外，黑格尔在对个人精神的成长过程进行论述时，还将此精神史作为参照。

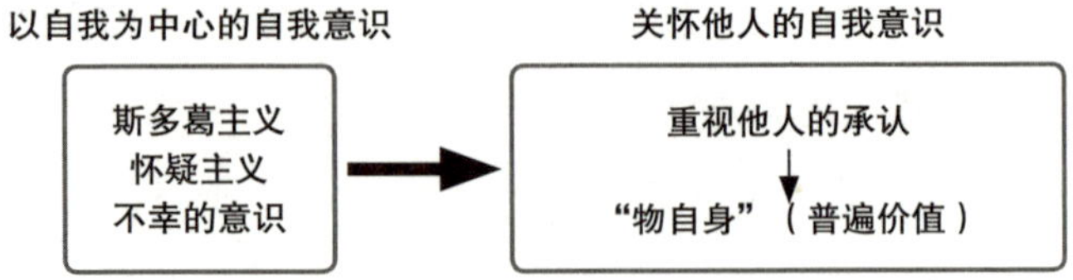

自我意识的成长（个人精神的成长）

近代社会与自由的实现

黑格尔所描绘的自我意识的成长过程表明，人类是追求自由的存在。

在近代以后的西欧社会中，个人渐渐开始具备了自由生活的条件，自由的理念正慢慢传播。最敏锐地捕捉到人类对自由的渴望之本质的哲学家，正是黑格尔。

黑格尔发现自由的实感和追求自身存在价值的欲望——“希望他人承认自己的存在价值”，两者密不可分。

人类对自由的渴望导致了一次又一次的争斗。双方中一方由于对死亡的恐惧而投降，就会出现主人与奴隶的支配结构。但只要被剥夺了自由的奴隶发起叛乱，双方就会再次进入战争状态。也就是说，只要有人是不自由的，争斗就永远无法得到解决。

因此，人们试图通过相互承认对方的自由来解决争斗。当这个相互承认扩大到社会整体，并成为社会制度时，就会出现叫作“市民社会”的社会。

但当个人的自由得到法律承认时，人们又试图开始自由地满足个人的欲望，而为了实现欲望，新的争端又产生了。经济中的自由竞争就是典型例子。进入市民社会之后，人们失去了作为同一共同体的成员资格，导致了伦理（人与人之间的共同的道德与秩序）的颓废。

因此黑格尔认为，只有依赖于人伦原理的调停，才能克服这种市民社会的矛盾。

《法哲学原理》中记载，能实现这个调停的正是“国家”。但这并不意味着国家理念优先于个人的自由，只要设立用于调停自由竞争的规则即可。

黑格尔认为，自由首先必须在包含与他人之间的关系的社会中才能实现。人是在社会规则中互相承认他人的行为和价值，并通过他人的承认追求自我实现的存在。当自身的存在价值获得他人承认时，人才能感受到真正的自由。要想获得他人的承认，共同的道德与秩序（伦理）这一承认基准就必不可少。

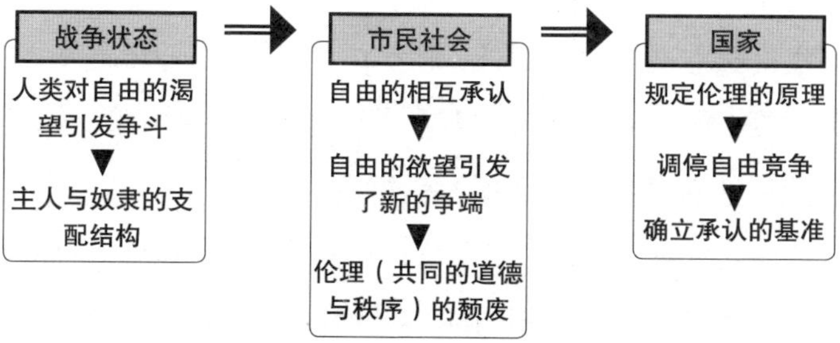

市民社会与国家的形成

黑格尔认为，比起个人擅自追求欲望的自由，共同性的自由，才是更高级别的自由。这就是比起保护个人自由的市民社会，黑格尔更重视国家的理由。

他认为，国家不仅要调停自由的随意斗争，还要通过共同的道德与秩序使人们能够相互理解各自的价值。

由于黑格尔拥护了当时的普鲁士王国，因此一直有人批判他为民族主义者。但在这里他阐述的观点至少在原理上没有问题。上文中描述的国家的作用应该正是他对近代国家所抱有的期待。加之，当时德国处在分裂状态，十分混乱，所以急需一个能够调停争端的强大国家。就算这恰好是普鲁士这样一个君主立宪制国家，那也不过是时代的制约罢了。

黑格尔展示出了个人自由与社会规则的调和原理，其中存在着联系个人存在与社会的重要观点。不仅如此，黑格尔对“社会是什么”和“我是谁”问题给出了极为重要的指示。因为这两个问题正是围绕近代社会中的“自由”问题而产生的。

我将在本书的后半部分（第 5 章“我是谁？”与第 6 章“社会是什么？”）介绍各种“我”的哲学与“社会”的哲学。届时，我们还有机会探讨黑格尔哲学的意义。

但在此之前，我想先带大家看一看现代哲学是如何看待本章主题“人类能否认识世界”的。我认为，对于近代哲学探究的这一问题，只有胡塞尔的现象学给出了一个能称得上结论的答案。

但是，现象学以外的现代哲学（分析哲学、后现代主义等）对近代哲学和现象学持批判态度，这也是现在的主流。

现代哲学成为主流这个状况究竟是如何产生的呢？

我将在第 4 章“真理存在吗？”中，透过现代哲学的各种理论来对这一问题进行分析。

04
真理是否存在?
——现代哲学

真理是否存在（关系图）

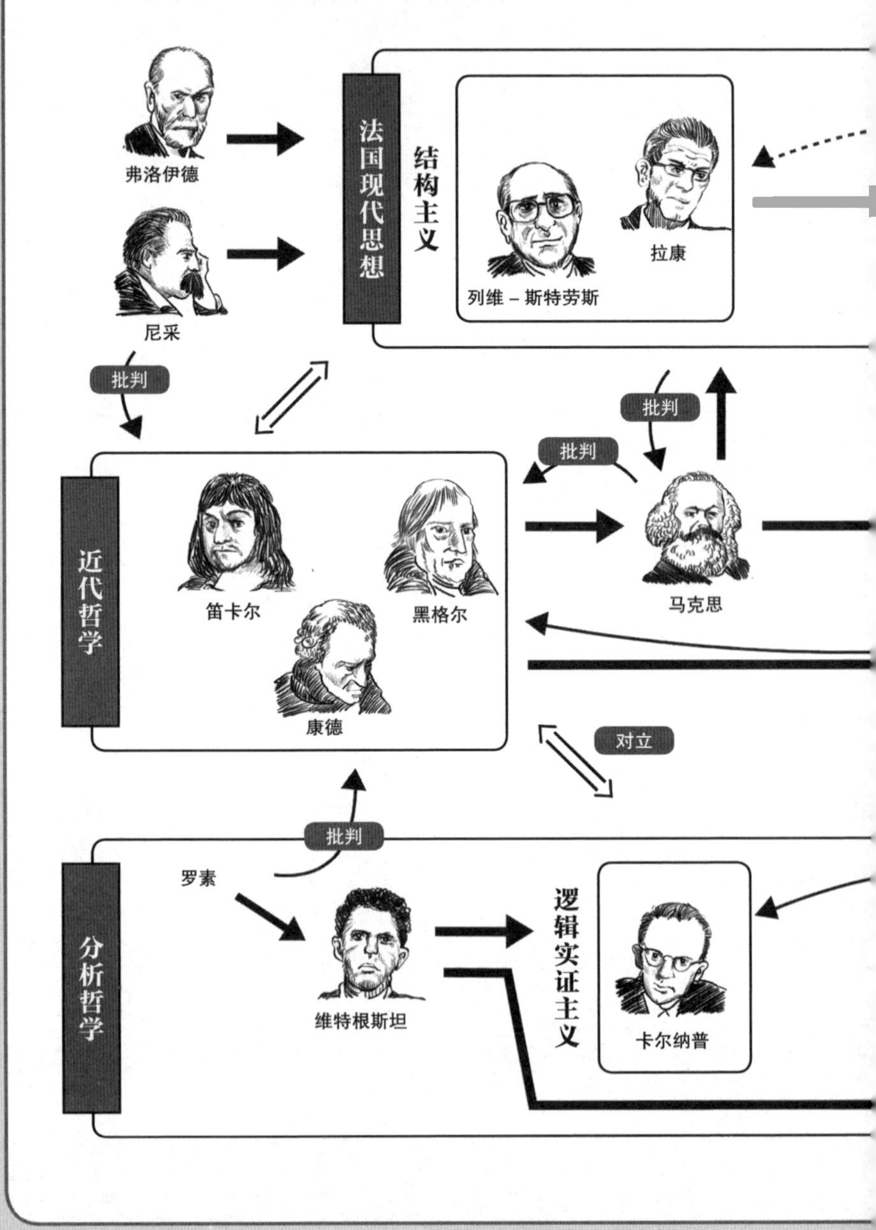
弗洛伊德
尼采
法国现代思想
结构主义
列维－斯特劳斯
拉康
批判
批判
批判
近代哲学
笛卡尔
黑格尔
康德
马克思
对立
批判
分析哲学
罗素
维特根斯坦
逻辑实证主义
卡尔纳普

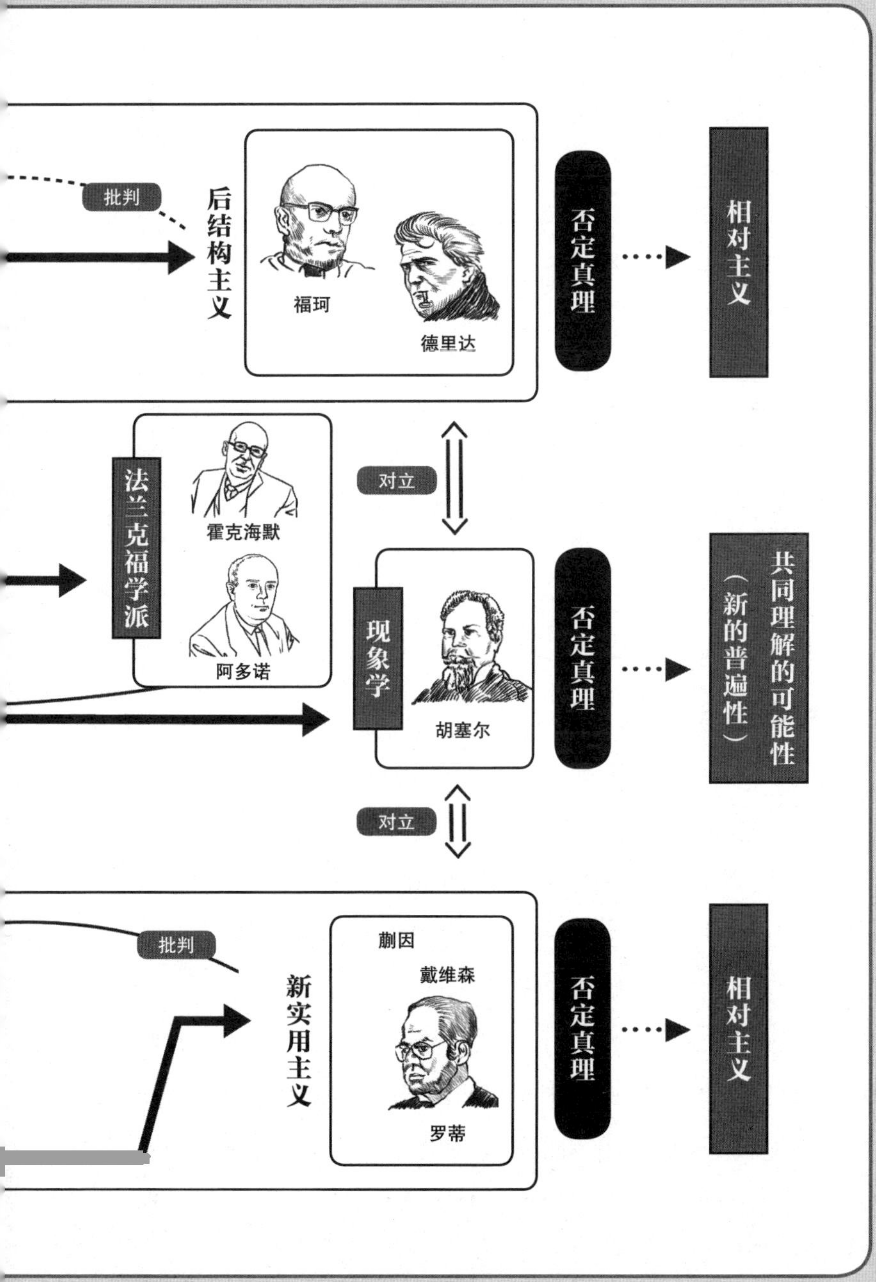

批判
后结构主义
福珂
德里达
否定真理
相对主义
对立
法兰克福学派
霍克海默
阿多诺
现象学
胡塞尔
否定真理
共同理解的可能性（新的普遍性）
对立
批判
新实用主义
蒯因
戴维森
罗蒂
否定真理
相对主义

胡塞尔的现象学

从近代哲学到现象学

古希腊哲学探究世界自身的根源，关注的问题是“世界是由什么组成的”。但到了近代，哲学家的视角发生了重大转变，他们开始关心“人类能否认识世界”。

当然，在近代也有关注“人类能否认识世界”问题的哲学家。比如笛卡尔的机械唯物主义世界图景，或斯宾诺莎和莱布尼茨的独特世界观，他们都试图理性地说明真实的世界。但随着自然科学的发展，对“世界是由什么组成的”这一问题的探究逐渐成了科学的工作。

对此，部分哲学家认为“是人类对真实的世界进行想象和思考，世间万物都是出现在人类意识（主观）中的世界”。这是以关注意识层面的唯心主义方法为基础的哲学，从笛卡尔的怀疑主义开始，休谟、康德以及黑格尔的哲学都自觉地使用了这一思维方式。

就连科学实验和观察的结果也通过知觉进入人类意识，人类在认识世界时绝对无法超越主观意识层面。比方说，通过高度精密的望远镜和显微镜所观察到的世界，由于观察的主体是人，所以它们也只不过是出现在人类意识中的世界罢了。

此时就出现了一个新的问题——人类究竟能否了解世界的构造，看到其真实的面貌？同时，也是对处在急速进步中的科学提出了一个真挚的问题：“科学的理论基础究竟在哪儿？”

在现代，这类关注意识的近代哲学思维方式为现象学所继承。

20 世纪初创立了现象学的胡塞尔是近代哲学最重要的继承人，他还解决了“主客一致的难题”，为哲学世界开辟了新天地。

但现在，现象学作为继承了近代哲学方法论和真理主义的哲学，受到了来自后现代主义和分析哲学等许多现代哲学的严厉批判。

以意识世界为中心的唯心主义方法（意识主义）是忽视了人类意识不到的无意识欲望和感情的思想，其根源在于对理性的过度信赖（理性主义）。更进一步说，其根源是“能够通过理性抵达真理”的“真理主义”。

但理性又容易出错，而且所谓的唯一绝对的真理难道不是根本不存在的吗？

以上就是人们对于近代哲学和现象学批判的大致内容。

但是，这些批判究竟有没有其正当性？在这一点上，还留有很大的疑问。在说明理由之前，让我们先来看看现象学的观点。

小知识

胡塞尔（Edmund Husserl，1859—1938）：德国哲学家。一开始是数学研究学者，后来创立了现象学。对海德格尔等人的存在主义哲学产生了深刻影响。由于他是犹太人，活动受到了来自纳粹的严厉限制，晚年基本在书房专心写作。著作有《观念》和《欧洲科学危机和超验现象学》等。

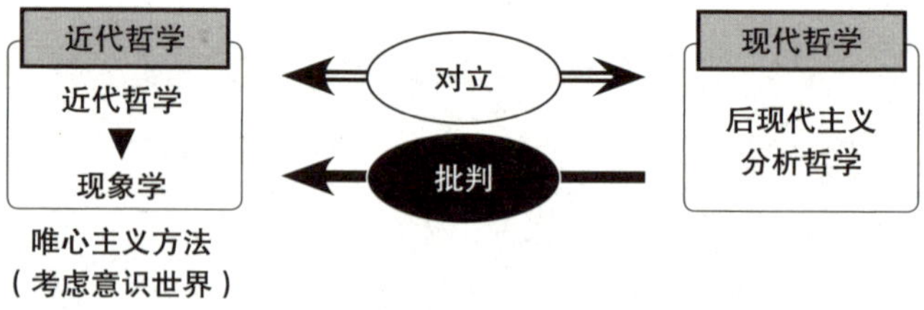

近代哲学与现代哲学的关系

人类的意识构造

近代哲学所提出的问题是，探究意识世界（主观）与意识外部的实际世界（客观）是否一致（是否正确地反映了事实）的“主客一致难题”。笛卡尔拿出了上帝的概念，认为认识是可能的，而康德则认为认识是不可能的。

但仔细想想，“意识外部存在客观世界”这一前提本身，其实不过是意识的确信（妄想、先入为主的观点）罢了。

对于这一点，胡塞尔认为，应该考虑为什么人们会确信“客观世界是存在的”。

不管思考多久，“客观世界的构造是怎样的”和“客观世界真的存在吗”这类问题都是没有答案的。但我们可以研究“客观世界是存在的”这一信任的构造（确信的条件）是怎样的。

假设我们眼前有一个苹果。它又红又圆，摸起来光滑无比，嚼起来又酸又甜。此时，虽然我不会对这个苹果的存在产生丝毫的怀疑，但由于无法完全否定“这是幻觉”的可能性，所以这些感知并不能证明苹果的存在。

那么，为什么我们会坚信“苹果是存在的”？

为了对这个原因进行探究，我们暂且对“眼前的苹果是存在的”这一判断进行保留（这被称为“悬置”）。这样一来，眼前的这个苹果就只会被当作“意识对象”。对此，胡塞尔在说明时使用了“向纯粹意识（超验主观性）的超验还原”这样复杂的表述。

接下来，试着考虑这个苹果是如何出现在意识中的。

首先可以确定的是，如果是我想象中的苹果，那它的大小、形状和颜色等都可以因我的意识而发生改变。但对于眼前这个被感知到的苹果，无论我们心中如何祈祷，它的颜色和形状都不会发生改变。

和记忆图像或想象图像不同，感知图像不会因意识的力量（意志）而发生改变。因此，感知图像不属于我的想象产物，所以我们完全不会对其存在感到疑惑。

像这样，个体的感知性直观（个体直观）中存在着某种难以动摇的绝对性。这就是我们对客观对象（以及作为其整体的“世界”）的存在产生确信的原因。

但是，这里的“红”“圆”“酸甜”等性质并不只是苹果的感知部分。仔细想想就会发现，它们还属于苹果的含义部分。

我能够认为苹果“又红又圆，又酸又甜”，还能通过语言向他人说明。与此同时，“苹果 = 又酸又甜的水果”这一整体含义也被我直观地表达出来。

像这样直观的含义是所有人都能理解的，所以我们可以说它是某个对象的“本质”。胡塞尔将这种意义的直观称为“本质直观”。它和感知直观一样，不会因为自身的意志而发生改变。

给这个又红又圆的物体赋予“苹果”之含义的人乍一看好像是我自身，但实际上，无论是“苹果”这一含义，还是其感知图像，都不是被我的意志呼唤来的，而是被意识直接赋予的。

正因为不会由于自身的意识而发生改变，它才被称为“直观”，同时也是出于这个原因，我们才会坚信眼前的苹果是存在的。

综上所述，意识中的本质直观或感知直观是让人对外界的客观存在产生确信的重要条件。我们必须原原本本地接受直观中的事物。

假设现在我们能看到自己面前有一个苹果，那么这个苹果是幻想还是实际存在？虽然这个问题没有答案，但唯一可以确定的是“我能够看见这个苹果”。也就是说，苹果的图像被原原本本地直观了出来。

所以，就有了这就是“苹果是存在的”这一确信的根据。

更进一步说，他人的言行举止也使我们确信客观世界的存在，给世界带来了现实感。比方说，我们怀疑眼前苹果的存在性，这时如果有其他人走过来拿起苹果，并当着你的面吃了起来，那我们就无法怀疑这个苹果是不存在的了。

正是由于直观地感知图像和本质，以及他人的言行举止，才让我们确信客观世界的存在，给我们眼前的世界带来了现实感。

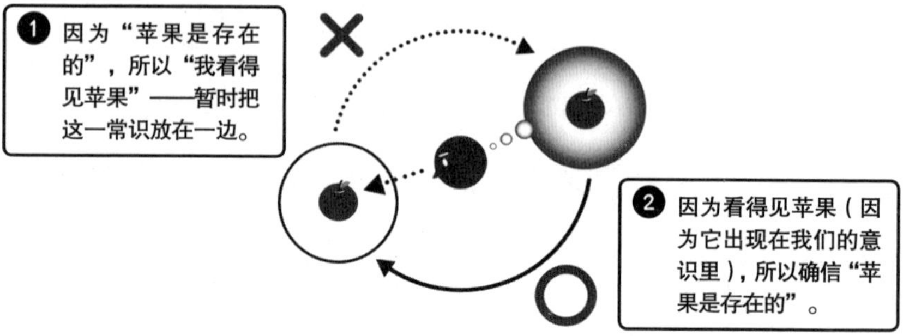

现象学还原

名为“本质直观”的思维方式

刚才我们介绍了“人类的意识构造”的问题（超验问题），因为它是以超验还原的方法为基础的。

此外，还介绍了现象学中存在提取概念本质的“本质直观”（形式还原）的思维方式。

我们之前在讨论苹果存在性的时候提到，在苹果的感知图像受到直观的同时，其含义也受到了直观。其实，不仅苹果或桌子这类实际存在的个体的含义会受到直观（本质直观），“感情”“自由”“灵魂”“时间”和“语言”等不存在的概念的含义也可以受到直观。

比方说，“记忆”这一概念的含义存在于通过“记忆”这一词直接回想起的事情里。这就是直观记忆的含义。

但是，和看着苹果就能获得“苹果”这一含义的情况不同，能够立刻想起的关于记忆的语言，也就是记忆的含义，就连自己也不能完全确定，而且会和他人的意见有些出入。

如果是这样，那么就算这个记忆的含义对我而言是理所当然，但并非所有人都能认可我的记忆本质。

现象学认为，这个最早被直观的不确切的含义可以被完善为所有人都能认可的本质。

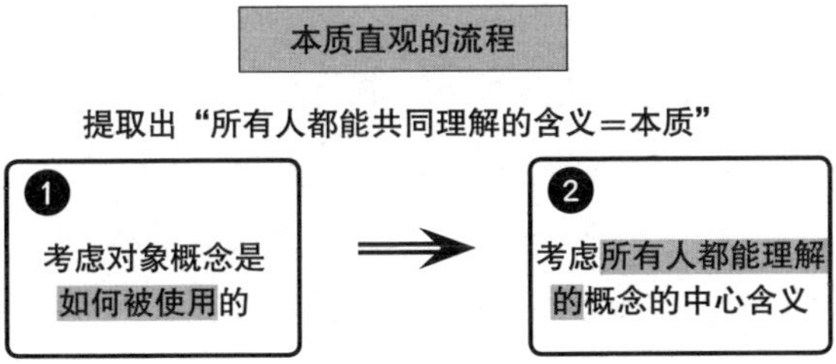

本质直观的思维方式

具体步骤如下。

首先，我们应当回想起我们的直观对象所对应的词语具有哪些含义，又对应着我们的哪些经历。

其次，我们要在其中找出既符合词义又符合我们经历的含义，并反复推敲这个含义是不是所有人都能认可的具有普遍性的。我们还要站在不同人的立场上审视这个含义，或者直接询问他人的意见，并在此过程中不断深化自己对此含义的思考。

这样一来，最初的直观含义就在意识中得到完善，在想象中发生各种变化（想象变化），并逐渐转变为具有普遍性的含义，也就是本质。

如果是“自由”的本质直观，就要重新思考“‘自由’这一词语平时是被如何使用的”，以及“我们把怎样的情况称为‘自由’”。如此一来，最初回想起的含糊不清的自由的含义就会发生变化，向更为确切的本质靠近。

个别经验的含义在与其类似的经验中是否同样成立？通过对这个问题进行推敲，我们就能获得所有人都能认可的本质。

虽然，后现代主义等现代哲学批判“现象学以真理的存在为前提”，但胡塞尔所说的本质指的是“所有人都能共同理解的含义”，并不意味着唯一绝对的真理。

比方说，现象学对“正义”的本质进行探究，并不意味着绝对正确的唯一含义（真理）是存在的。

虽然“正义”一词被许许多多的人在各种情况下使用，其含义也有着某种程度的偏差，但它的中心一定存在能和他人共同理解的含义。如果不是这样，那么“正义”根本无法被大众共享，更谈不上相互理解。

像“自由”“记忆”“不安”和“正义”这类既理所当然地出现在日常生活中，又包含了和他人之间的微妙偏差的概念，其中一定存在对所有人而言都成立的普遍本质——能够共同理解的含义。

现象学的可能性

刚才我们将现象学分为超验还原和本质直观进行了说明，最后让我们来总结一下现象学的意义。

希腊哲学探究的是“世界是由什么组成的”，而到了近代，随着自然科学的发展，世界被认为是由数学法则支配的宇宙。渐渐地，人们开始认为世界的真理是可以揭开的。由于这个观点以独立于精神的“世界本身”（客观世界）的存在为前提，因此世界被分为自然世界和精神世界。主观与客观的分裂（心物二元论及身心二元论）就此产生。

但严密来讲，科学所认识的也是通过感知而出现在人类意识里的世界，而非“世界本身”。近代哲学就是从这个观点出发对世界进行探究的。

无论是我们眼前的世界，还是记忆世界或想象世界，都是意识世界。

于是，近代哲学提出了“主观世界能否正确反映存在于意识外部的‘世界本身’”（人类能否认识世界）的重大问题。

笛卡尔和斯宾诺莎认为人类可以理性地认识客观世界，休谟和康德则主张对客观世界的认识是不可能的。

那客观的“世界本身”真的存在吗？

因为我们无法离开主观意识的世界，所以不能确定客观世界是否存在。尽管如此，我们在讨论认识之前都没有先去怀疑世界是否存在，仔细想想这的确有些不可思议。胡塞尔所关注的正是这一点。

在生活中，我们不会对主观意识外部存在的客观的“世界本身”产生丝毫怀疑。“为什么我们会产生这种确信呢？”于是，胡塞尔试图找出使这个确信成立的条件。这就是超验还原。他的尝试十分成功。

借此，我们才能发现更为本质的问题，探究对每个人而言，“客观世界”（世界本身）这一观念具有哪些含义，以及“世界”这一概念的本质是什么。

此时，本质直观这一现象学的思维方式就可用于提取“世界”的本质。

正如前文所述，本质直观中“本质”指的是所有人都能认可的普遍含义（能够共同理解的含义），而非唯一绝对的真理。

只有通过这个观点，我们才能重新审问“真理”的含义，才能理解把某个信念当作真理的信任构造，理解为什么各个理念都主张“我才是真理”的相互对立，学会避免这种对立的方法。

现象学在消除信念对立方面虽然具有十分卓越的成效，但人们对现象学的批判却从未停息，他们认为现象学的观点设想了唯一绝对真理的存在。

因此，我想在接下来的两个小节中介绍一下现代哲学对近代哲学和现象学发起的真理批判。

后现代主义的近代批判——德里达的解构主义

近代批判的源流

在近代，“世界是由什么组成的”的问题被当作“人类能否发现世界的真实（真理）”的问题。因此，人们对理性的强烈信赖成为关键。许多学者和知识分子都坚信人类可以通过理性了解真理。人们对科学的期待则鲜明地体现了这一点。

另外，人们也坚信只要经过充分的理性思考，总有一天人类能够了解社会的正确形式和人类真正的生存方式。这就是近代社会的人们所描绘的壮阔画卷。

重视理性，就是重视主观思考（意识主义），重视主体行动（主体中心主义）。现代哲学认为，理性主义、意识主义和主体中心主义三者密不可分，而加上真理主义，就构成了近代哲学的特征。

但到了 19 世纪后半叶，马克思、尼采和弗洛伊德向近代哲学的观点提出了疑问。他们的主张是对近代哲学的基础——“人类对理性的依赖（=理性主义）”提出的最早质疑，给后来的现代思想带来了巨大影响。

马克思认为，虽然人类的主体行动看似依赖于理性思维，但实际上它是由各种经济关系（下层建筑）所决定。弗洛伊德则表示，人类并非总是理解自身行为的含义、有意地展开行动的理性存在，而是会被无意识的欲望影响，事后才能理解自身行为含义的存在。

他们的思想表明了人类的主观思维（理性判断）是存在极限的。

尼采的思想也对理性持批判态度。不过，他是对“人类能够通过理性认识真理”这一观点本身进行批判。尼采认为，世界拥有无限解释的可能，所谓唯一绝对的真理根本不存在。

恐怕没有人能够否定马克思、尼采和弗洛伊德在 20 世纪的巨大影响力。他们向世人展示出人类不一定是理性的存在。他们不仅影响了以结构主义为首的现代思想，还给整体人文科学带来了广泛的影响。尼采的真理批判也成了后现代主义思想中相对主义的源头。

不过，马克思、尼采和弗洛伊德的思想也并非单纯的反近代思想。因为对于人类的存在问题，尼采提出了具有革新性的观点，弗洛伊德也以其独到的观点对人类存在的本质进行了解释。下一章我们将会对这三人的思想进行正式说明。

对理性主义的批判（法兰克福学派与结构主义）

现在，人们对于在近代迎来最盛时期的理性主义抱有很大的疑问。大多数现代哲学都将近代哲学视为理性主义和真理主义，并对其展开彻底的批判。

众所周知，20 世纪爆发了以两次世界大战为首的数不清的战争，可谓战争的世纪。人们开始产生疑问，是不是人类的理性思考和理性判断招致了各种纷争和屠杀呢？

因此，“通过理性思考就能获得正确的判断，创造出正确的社会”这一观点，现在看来实在是太过乐观了。

法兰克福学派的核心人物霍克海默和阿多诺就在“二战”后联合著述出版了《启蒙辩证法》，对近代理性展开了严厉批判。启蒙这一理性主义试图同时支配外在自然和内在自然（感情）。结果导致理性陷入野蛮状态，进而转化为疯狂。

小知识

霍克海默（M.Max Horkheimer，1895—1973）：德国社会哲学家，法兰克福学派的核心人物，提出了对抗传统理论的批判理论。曾任法兰克福大学社会研究所所长。著作有《启蒙辩证法》（共著）和《工具理性批判》等。

小知识

阿多诺（Theodor Wiesengrund Adorno，1903—1969）：德国哲学家、社会学家、美学理论家和音乐评论家。他既是法兰克福学派的代表思想家，也是师从于贝尔格的作曲家。其著作除了和霍克海默共著的《启蒙辩证法》之外，还有《否定的辩证法》《棱镜》等。

比如奥斯威辛集中营屠杀犹太人就是以极为理性而周到的计划为基础的。因此，为了逃离纳粹主义魔掌而亡命他乡的霍克海默和阿多诺将批判的矛头指向人们对近代理性（理性主义）的过度信任也是可以理解的。

这种对理性主义的批判阐述了人类主体行动的危险性。同时，也是对在近代以后逐渐受到重视的“主体性”的批判。开始对这个主体展开鲜明批判的则是出现于20世纪60年代以列维－斯特劳斯、阿尔都塞和拉康为首的法国结构主义思想家。

结构主义重视无意识结构的观点，与将意识世界作为研究对象的笛卡尔、康德等人的近代哲学，以及胡塞尔的现象学方法相对立。其主要观点是，人类行为看似是经过理性思考而得来的主观判断，但实际上，它在无意识中受到“社会结构”的制约（参照第6章第3节）。

但之后登场的后结构主义则指出了以下问题。

结构主义虽然对从近代哲学到现象学这一连串的意识主义（理性主义＝主体中心主义）持批判态度，但无法对近代哲学的真理主义（以唯一绝对的真理为前提的思想）做出正确的批判。

结构主义对“客观正确的结构认识”进行了设想。对否定真理的后结构主义而言，结构主义并未摆脱真理主义。

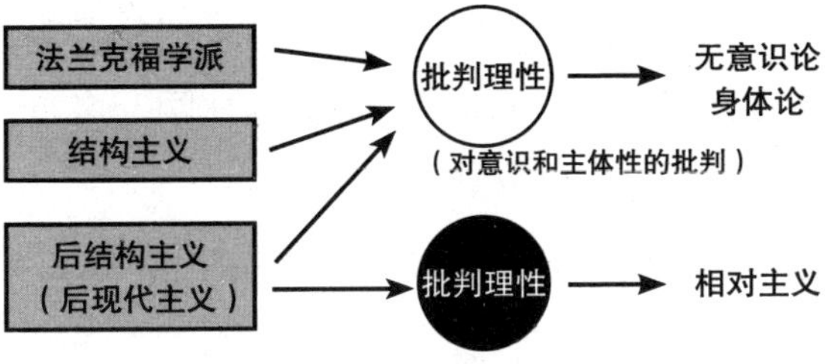

现代思想对理性和真理的批判

对真理的批判（德里达与解构主义）

说到后结构主义，就会想到福柯、德勒兹和德里达。

他们的思想被称为“后现代主义”，其共同点在于对真理主义的彻底批判，以及对设想真理的形而上学的解体。

比较有名的是德里达在《声音与现象》展开的名为对于胡塞尔现象学的批判的解构。

德里达认为，现象学的目的是“探究客观认识的基础”，而且它还继承了欧洲形而上学的真理主义。

胡塞尔认为，当我们想着“好想喝水啊”的时候，这个语言化表述的根源中存在“想喝水”的含义，其含义本身是可以通过直观来把握的。也就是说，现象学把“语言化之前的含义”当作事物的根源，认为这个含义直观才是客观认识的基础。

此时，被直观的“语言化之前的含义”作为事物的根源，和真理具有同等地位。

但德里达认为，只有被反复使用之后，语言才会拥有含义。也就是说，并不是在“好想喝水啊”这句话出现之前，“想喝水”的含义就已经存在，而是将“好想喝水啊”这句话反复使用之后，“想喝水”的含义才会成立。

同样地，当我们看到眼前有一张桌子时，之所以能够瞬间把握其直观含义，说“啊，这是桌子”，是因为我们对于类似的对象也反复使用过“桌子”这一词语。

像这样，现象学所特权化的“在场（现在）的含义”中，其实已经包含了过去（非现在）。德里达所批判的正是这一点。也就是说，现象学虽然把根源的直观含义看作真理，但这个含义并非根源，而且根源的事物（真理）也是不存在的。

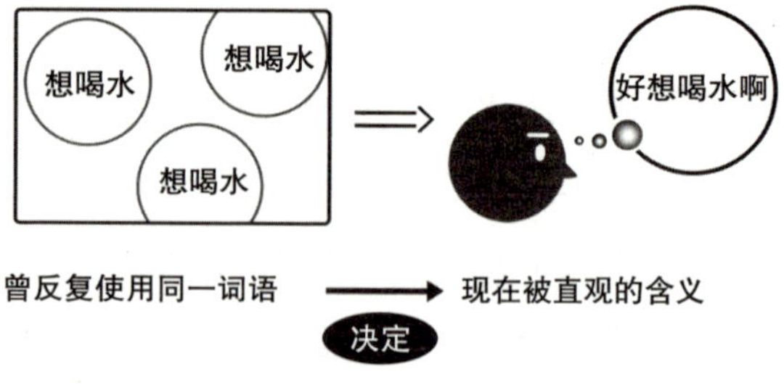

德里达对含义根源性的批判

但是，德里达对现象学的这一批判还存在着重大难题。

德里达的意思是，我们产生“好想喝水啊”的想法以前，我们一定重复使用过“好想喝水啊”这句话。但是，当我们在对“想喝水”这一含义进行直观时，根本没必要想起自己重复使用过“好想喝水啊”这句话。它是直接由意识赋予的，不需要借助任何简洁判断。正因如此，它才会被直观为根源的事物。

尽管我们可以在过去找到无数种因素使此直观成立，但它终究只是在直观之后做出的假设罢了。

归根结底，现象学中的含义直观只是意识确信成立的根据，这正是对真理主义的彻底批判，同时也解明了真理的含义。胡塞尔所阐述的本质是“所有人都能共同理解的含义”，而他追求和唯一绝对的真理不同的普遍性，是为了解除信念的对立。

小知识

德里达（Jacques Derrida，1930—2004）：代表后结构主义的法国哲学家。他批判西方哲学的逻各斯中心主义，并提倡解构主义，给现代思想和文艺批评领域带来了极大的影响。除了对胡塞尔现象学展开批判的《声音与现象》外，还著有《论文字学》《哲学的边缘》《书写与差异》《法律的力量》等作品。

03 人类可以通过语言理解世界吗？

维特根斯坦与分析哲学

语言学转向

一般人可能不太熟悉广泛传播于英美两国的分析哲学（英美哲学）。说到哲学，可能更多人想到的是康德、黑格尔、海德格尔、萨特、福柯等德国或法国哲学家的哲学（欧陆哲学）。

分析哲学是以弗雷格和罗素的逻辑学研究为基础，并在维特根斯坦的巨大影响下诞生的语言哲学的总称。

如果各位了解借助“且（∧）”“或（∨）”等符号来分析“○○是××”命题的逻辑学的话，那说明起来就方便多了。这种方法在分析哲学中占据着重要地位，和欧陆哲学相去甚远。

事实上，这两者在很长一段时间内都是水火不容的。

不过，分析哲学与后现代主义等欧陆哲学一样，都对近代哲学持批判态度。在此，我们先来看看它对近代哲学的批判点吧。

罗蒂是分析哲学的代表人物之一。他认为笛卡尔以后的近代哲学，无论是康德还是黑格尔，都把意识的表象当作反映外部自然的镜子，然后通过细致地调查这个意识表象（主观）来解释其外部存在的自然真理。如果说这是“认识论转向”，那么在这之后，哲学就迎来了“语言学转向”的时代。

在关注“意识”的近代哲学方法中，问题在于意识（观念）的私密性（无法从意识外部进行确认）。因此，英美哲学将思考对象从“私密的意识”转换到“公共的语言”。

其中，存在“只要能确定语言的正确使用方式，以往的形而上学就会结束”这一拥护科学的中心思想。近代哲学的观点认为，这个蓝天是我意识（主观）里的蓝天，而非意识外部的客观世界（真实的世界本身）。不过，由于我的意识像镜子一样反映出了客观世界，只要细致地调查这个意识，就能理解这个反映在我意识中的蓝天的真实样貌。

但如果仔细想想就会发现，我们描述自己眼前的广阔蓝天时，会说“天是蓝的”。那么我们就可以认为，反映客观世界的并非意识而是语言。因此，事情的真伪就能够通过对语言的分析而得出。

总而言之，“语言学转向”就是这样的“视角转换”。

从意识哲学到语言哲学

维特根斯坦与分析哲学

维特根斯坦为语言学转向奠定了基础，他和海德格尔并称为 20 世纪最伟大的哲学家。维特根斯坦在早期的《逻辑哲学论》中提出的图像理论还直接将语言的真理作为研究对象。

维特根斯坦认为，世界和语言的关系是图像关系。因此，某个命题真实与否，由与其对应的世界的存在与否而决定。也就是说，要想知道“这个天空是蓝色的”这一命题的真伪，就要看与“天空”对应的对象，以及与“这个天空是蓝色的”这一命题对应的事件在现实中是否存在。

维特根斯坦将这种最小单位的命题称作“要素命题”，认为它们相互独立，并将与要素命题对应的事态的整体看作世界。

就这样，在认识客观世界时，维特根斯坦使用“语言”作为分析的工具，而非“意识”。不同于康德、黑格尔和胡塞尔，维特根斯坦摒弃了关注意识主观的哲学方法，只聚焦于语言问题。

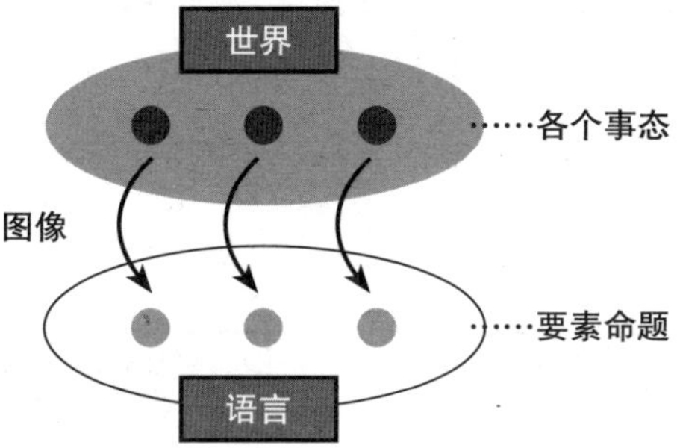

维特根斯坦的图像理论

维特根斯坦的图像理论给以卡尔纳普为代表的逻辑实证主义带来了很大影响，并成为后来英美哲学的中心思想。但逻辑实证主义的观点受到了来自新实用主义的蒯因的批判，这给“语言是自然真理的写照”这一构想带来了极大震撼。

之后，蒯因的弟子戴维森几乎完全驳倒了逻辑实证主义。因为他认为，语言的含义由习惯（使用方式）决定，而非确定的真理。

按照罗蒂和戴维森的观点，无论反映自然真理的是语言还是意识，都不影响它们的大前提是真理的存在。这是继承了“自然之镜”这一近代观点的“不纯的语言哲学”。

现在，主张自然之镜是意识的近代哲学和主张自然之镜是语言的逻辑实证主义都完全破产。真理主义（追求真理的哲学）

也迎来了终结。

虽然这是相对主义的观点，但法国的后现代主义思想中的真理批判和相对主义也是一致的。就这样，被隔断了近一个世纪的在德国和法国展开的欧陆哲学与在英美两国展开的英美哲学，终于在真理批判和相对主义方面产生了交集。

对罗蒂等人而言，真理是社会基准的问题，决定真伪的规则只是作为习惯而存立。

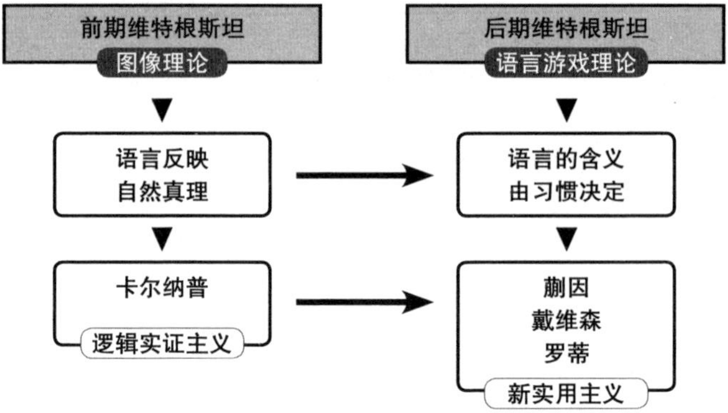

维特根斯坦与分析哲学的关系

小知识

罗蒂（Rorty，1931—2007）：当代美国代表性的哲学家。他创立了新实用主义的观点，批判了在与存在的对应中追求真理的传统哲学知识论。著作有《哲学与自然之镜》《实用主义的后果》等。

语言游戏理论的展开

走在分析哲学最前沿的罗蒂等人的主张，实际上和后期的维特根斯坦所阐述的观点没有太大差别。因为维特根斯坦否定了自己前期的图像理论，认为语言并非直接反映了各个事态，其含义必然与某些观点和目的相关。

维特根斯坦指出，语言的含义由它在日常生活中的使用方式决定，但并不意味着“唯一客观含义”的存在。如果一个人和搭档完成了彻夜的工作，他在不经意间将目光转向窗外的景色，然后对搭档说“天真蓝啊……”，这并不意味他把“天真蓝”当作一个客观事实，而是在向搭档分享完成工作的成就感，以及劳动过后的舒畅心情。

也就是说，语言的含义会根据不同的对话情境而发生改变。决定语言含义的是当前情境下语言的使用方式。

这种语言的使用方式（规则）在大多数时候不会被人们意识到。因为这些规则是人们在实际使用过程中所习得的，无法被完整地记录和说明。维特根斯坦将人们基于这种规则的各种行为举止（遵守特定规则的行为与态度）称为“语言游戏”。

语言游戏的观点和维特根斯坦前期的图像理论恰好相反，它否认了真理的存在。从这一点来看，语言游戏和现代分析哲学存在共同点，但它并非单纯的相对主义。

因为语言游戏的观点是某个含义的出现和某些观点存在关联，而并非“有无数种解释”。

维特根斯坦为我们提供了一个抓住语言本质的极为重要的

观点。

小知识

维特根斯坦 (Ludwig Wittgenstein, 1889—1951): 英国哲学家，分析哲学创始人之一。他师从于罗素，提倡基于逻辑学的图像理论。这个思想在《逻辑哲学论》中得到了总结，并为逻辑实证主义所继承。但维特根斯后期否定了图像理论，展开了“语言游戏”理论，其思想被归纳于《哲学探究》之中。

语言的含义由使用方式决定

探究新的普遍性

重新审视唯心主义批判

前文我们介绍了法兰克福学派、结构主义、后现代主义和分析哲学等现代的代表性哲学对近代哲学以及现象学的批判。如果再总结一下，还可以将其分为对唯心主义方法的批判和对真理主义的批判。但是，这些批判究竟是否正确呢？

首先，让我们来探讨对唯心主义方法的批判。

对关注意识的唯心主义方法的批判，同时也是对近代哲学及现象学的理性主义和主体中心主义的批判。因为理性思考和主体性思考都是通过意识的内省而进行的。

对唯心主义方法的批判方式为，通过把目光放到决定“意识”的社会结构、无意识和语言上，来否定意识的根源性。

因为意识思维也许是由社会结构、无意识和语言所决定的，所以基于此，它们可能比意识更具有根源性。但从现象学的角度来看，要想研究社会结构、无意识和语言，就必须对意识的经验进行分析。

因为决定“意识”的“社会结构、无意识和语言”也是意识的经验。

比方说，“无意识”指的是在意识中受到的确信的“观念”。类似“在无意识中做了”或“可能在无意识中感到不安”的想法也是在意识中产生的。我们无法证明无意识是否真的存在过。

因此，就出现了多种关于无意识的假说，观点的对立也随即而生。为了消除对立，我们必须回到最初的意识经验来探究人们为什么会确信各种假说（观点）。

为什么会相信这样的观点呢？如果能够了解其中的条件，就能让对立双方一起迈出新的步伐。现象学所研究的正是这种“确信的成立条件”。从这一点来讲，现象学是具有关注意识的正当性的。

乍一看意识好像被“无意识和社会结构”决定，但人们对它们的确信也是在意识中产生的。现代哲学对现象学的批判似乎并没有抓到要点。

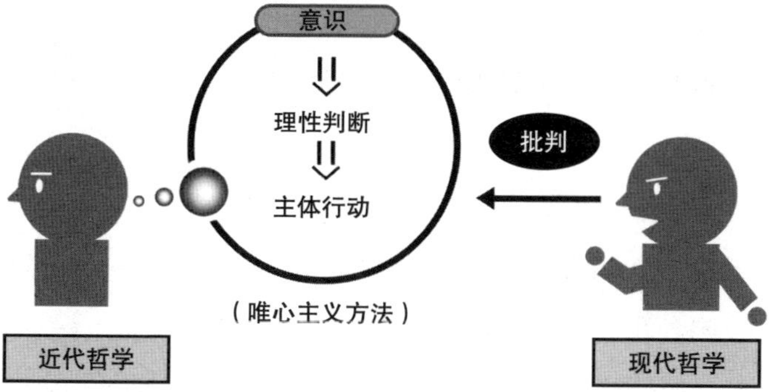

对关注意识的“唯心主义方法”的批判

重新审视真理批判

接下来让我们来看看对真理的批判，这个批判最初由19世纪末的尼采和索绪尔发起，现代哲学则给出了“唯一绝对的真理并不存在”的结论。

真理的存在之所以受到如此强烈的否定，不只是因为真理的存在是无法证明的，还因为“真理”这一概念与绝对的生命的意义和价值产生联系之后就会给人类带来危害。

如果将绝对正确的生活方式和社会的理想形式看作真理，那么个人的自由马上就会受到限制。将特定的宗教或意识形态看作真理的国家会和不同价值观的国家不断地产生摩擦。例如，20世纪前半叶发生的两次世界大战。

为此，“二战”后的哲学开始对“人类通过理性获得真理”的近代思想产生疑问，对理性的过度信赖以及对唯一绝对的真理的信任开始了彻底地批判。这也是“相对主义”与“怀疑主义”扩大的原因。

真理不存在，并不意味着人们能够共同理解的普遍含义也不存在。

比如通过感知认识的对象就基本不会和他人的认识产生分歧。如果你指着眼前的杯子向附近的人问道：“这是杯子吧？”对方应该会做出一副无语的表情回答道：“这还用问吗？”

在大多数情况下，我们对同一形状和颜色的物体的感知是可以和任意的人互相确认的，二者的意见基本上也是相同的。此时，我们就把这个物体当作客观真实的存在。除此之外，数学和几何学也能跨越文化进行共享。在价值观各异的人们之间，共同理解也是成立的。

共同理解——含义上的普遍性

很显然，这类感知和数学成为自然科学的基础。正因如此，自然科学在发展中才没有对客观真理的概念产生怀疑。

尽管如此，这并不意味着自然科学的研究对象包含唯一绝对的真理，而是指超越了文化和价值观的所有人都能共同理解的普遍性是存在的。

发现普遍性的可能性

请大家试着回想现象学所重视的“本质”概念，它经常被看作等同于客观真理。因此，现代大多数哲学都批判说“现象学承认了真理的存在”。

但我已经反复说明过，胡塞尔所说的“本质”指的是“所有人都能共同理解的含义”，而非与人们的认可和承认无关的存在。“存在普遍性”指的是“人们能够一致认可”，而非意味着“真理是存在的”。

这种普遍性的发现不仅限于数学与感知。在“自由”“身体”“死亡”“不安”和“正义”等各种各样的概念中，我们也能发现所有人都能共同理解的含义（＝本质），将这类本质提取出来的思维方法正是现象学的本质直观。

因此，哪怕人们的宗教和意识形态各不相同，如果能在“自由是什么”“正义是什么”等问题上找到共同含义，那么就能发现可共享的价值，制定最基本的共同规则。

不过，对特定价值观抱有狂热信仰的人很难和拥有不同价值观的人相互理解。也就是说，他们很容易拒绝摸索共同理解的可能性。

因此，首先我们需要展示各自的兴趣和欲望，其次再告诉对方自己为什么相信这样的价值观，而这样的相互展示是必不可少的。因为一个人的价值观（对世界的认识）体现了他的兴趣和欲望。

如果知道自己相信某个特定价值观的理由，那么就能够避免将其视为绝对。如果知道对方相信不同价值观的理由，那么就不会轻易地去责怪对方。当相互了解了对方所重视的东西之后，就容易产生想要相互靠近的心理。

也就是说，我们要在相互了解之后，再重新探讨“自由”和“正义”的问题，以寻求能够共同理解的本质。

这就是现象学“本质直观”的思想。

我们已经明白，虽然唯一绝对的真理是不存在的，但也不能放弃对普遍性的追求。

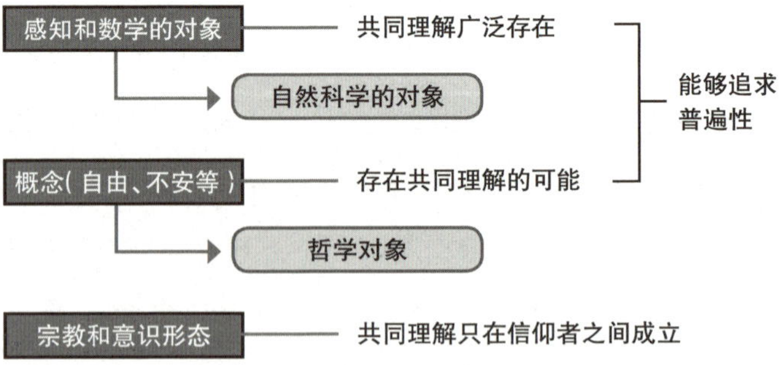

共同理解的范围

原本的近代哲学和现象学也是为了克服信念对立、确立所有学问的共同基础，才锲而不舍地追求普遍洞察。可以说，希腊哲学甚至也具有同样的动机。

追求普遍性，提取本质，才使哲学真正成为哲学。

对我而言的世界

现在，我们再回过头来看看“世界是什么”的问题。既然客观世界的真实（真理）是不存在的，那它就无法被人类认识。即使自然科学所使用的实证数据，也是通过人类的感知获得的，我们也无法称之为客观真实。

不过，因为人类的感知存在共通性，所以在自然科学中，广泛的共同理解是成立的，人们也信任这种超越文化的普遍性。只要科学能够提高人类的生活质量，那么对它的信任就是必不可少的。

但在另一方面，我的主观世界向我投来了某些含义。虽然这些含义并非世界固有，但我能在世界中获得各种各样的含义。我对这些世界含义的理解则指示着我：“对我而言，世界是什么？”

但我无法通过自然科学了解其具体内容。因为在自然科学所描绘的世界图景中，主观含义遭到了剥夺，它绝不会告诉我，对我的“存在”而言，这些世界含义意味着什么。对重视客观性的科学而言，含义与价值这类主观问题是要被排除的。正因如此，哲学才必不可少。

“对我而言的世界”指的是主观的世界，根据不同的人或不同的状况，它会包含许多不同的含义。因此可能有人会想，那个人只考虑自己世界的含义不就好了吗？但这样做就会陷入相对主义。

哲学的本质在于对普遍性的洞察，在于对所有人都能共同理解的本质的探求。

确实，对自己世界的理解方式因人而异，而且根据不同的状况，世界含义也会发生改变。但在这些个人对世界的理解方式中，一定存在某种共同的结构。

这个共同的结构正是我们对世界含义理解的本质。哲学的工作就是揭开这一本质。

对于“对我而言的世界”的本质问题，有两位哲学家提出了极为卓越的观点。他们就是尼采和海德格尔。他们的观点被称为存在主义哲学，和“我是谁”有着密切的联系。

“我是谁”这一问题，是围绕近代社会中的“自由”而产生的。由于到了近代，人们具备了自由生活的条件，所以开始对自己的身份认同感到不安，不知道“自己应该如何生活”“如何活出自我”。于是，“我是谁”这一问题就被摆在了我们面前。

下一章中，我将对探究“我是谁”这一问题的哲学家进行介绍，并对尼采和海德格尔等人所展示的“世界”之本质展开详细说明。

05
我是谁？

我是谁（关系图）

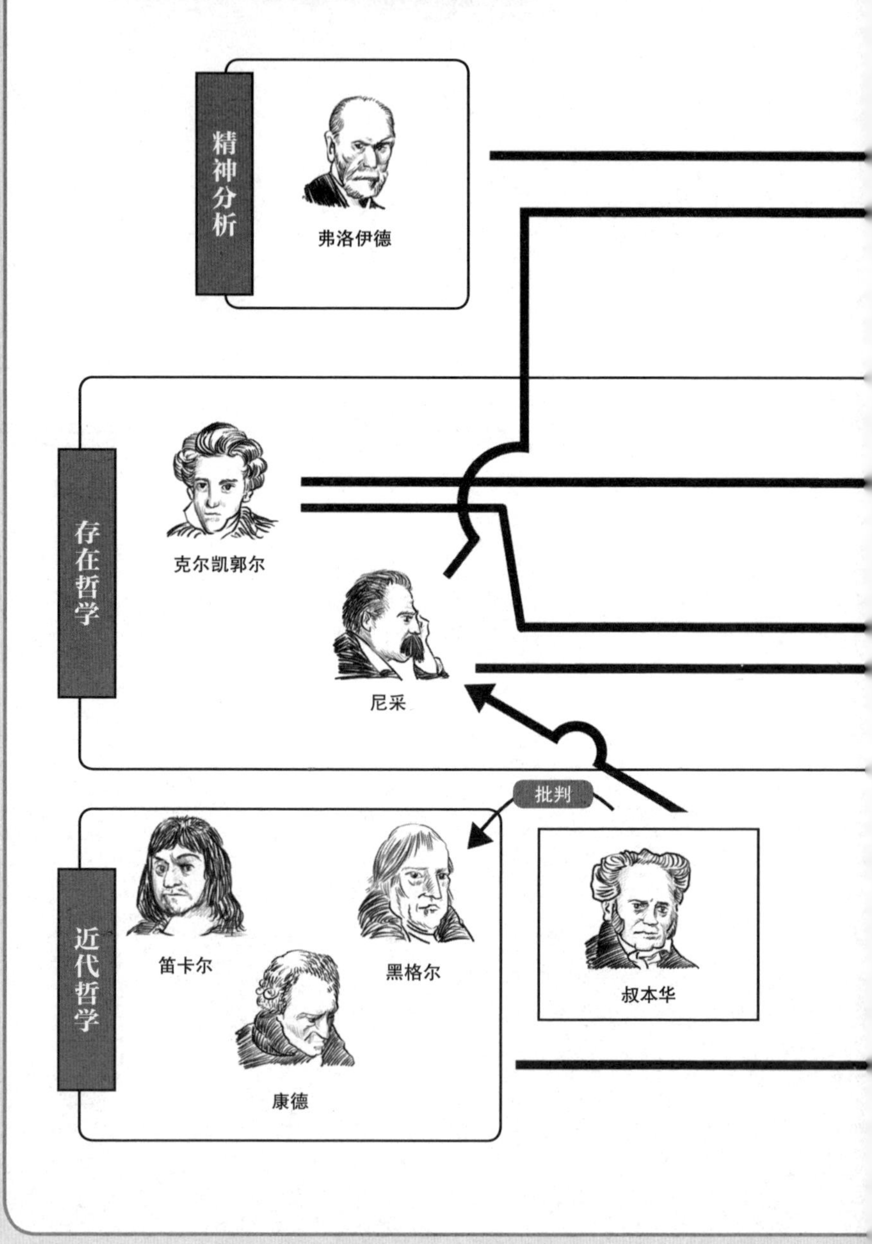

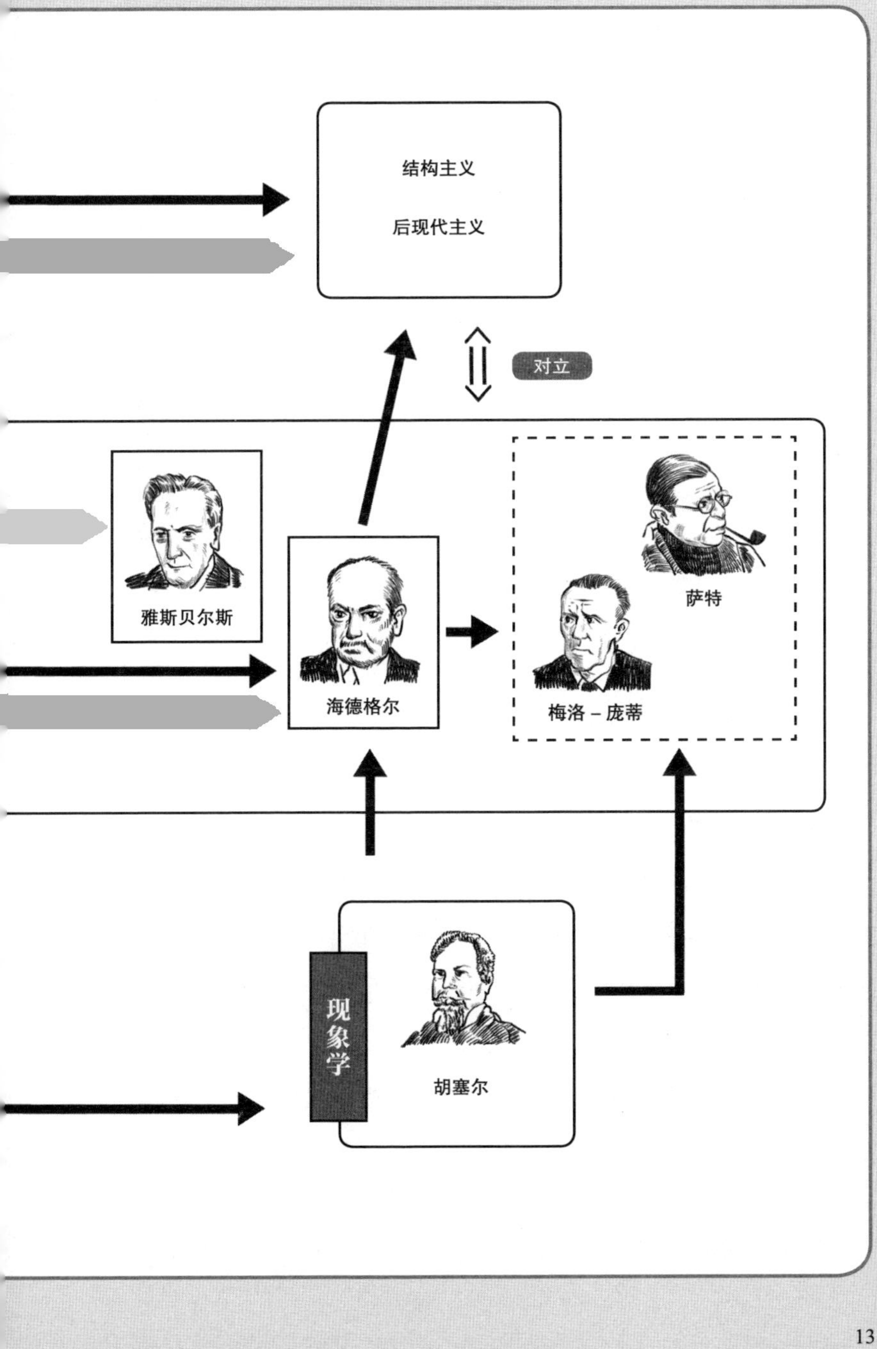
结构主义
后现代主义
对立
雅斯贝尔斯
海德格尔
萨特
梅洛－庞蒂
现象学
胡塞尔

克尔凯郭尔的存在主义

研究存在的哲学家

很多人可能都曾为“我是谁”这一问题而烦恼过。所有人在青年时期都很容易为自身的存在价值和社会作用而烦恼，为身份认同感到不安。但实际上，在进入近代之后，这些问题才成为许多人的共同烦恼。

近代社会提出了自由的理念，个人自由的生活方式才渐渐得以实现。民主主义的渗透与资本主义经济带来的私有财产的积累在很大程度上推动了人类自由的发展。

虽然生活自由的可能性增加了，但也并不意味着所有人都能过上自己想过的幸福生活。因为人类是一种通过对自身存在价值的确信来获得“生命意义”的存在，所以要想确信自身的存在价值，他人的承认是必不可少的。只要自己的这个言行不被他人承认，无论自己有多想做这件事，到最后都会抑制自己的欲望，放弃做这件事的想法。

为了在某个社会中得到认可，就必须尊重处在那个社会中的大部分人所共同认可的价值观，在行动时，也要遵守这样的价值观（社会规范）。

比方说，如果我们所处的社会类似于近代以前的西欧社会，社会中的所有人都信奉基督教，那么我们就要避免做出侮辱上帝的言行，并常去教会，向别人展示自己的信仰。因为如果不这样做，我们不仅会受到批判，也无法让他人承认自己的存在价值。

反过来说，由于自身的职责，该做的事都已经被决定了，所以我们也不会感到迷茫，只要遵守了社会规范就能确信自身存在价值。

也就是说，人们虽然不能摒弃自己的固定职责去过自由的生活，但由于维持社会承认的基准是显而易见的，所以人们不会为身份认同感到不安，也不会去“寻找自我”。

但在自然科学逐渐成熟的近代，这种共同的社会价值观产生了动摇，获得他人承认的基础也变得不再牢靠。这一倾向在近代之后慢慢发展，并于 19 世纪开始加速。科学的飞跃性进步使得产业结构发生了剧烈变化。由于农村人口流入城市，与异文化的接触也日渐增加，传统价值观渐渐开始崩溃。

在多种价值观的激烈碰撞中，人们失去了共同认可的价值基准。结果，人们不知道应该怎么做才能获得他人的认可，也不知道如何确认自己的存在价值。因为他们已经不知道自己究竟是谁了。

就这样，“我”的问题被摆在了人类面前，对于存在的不安也变成了一个重要课题。这就是19世纪中后期克尔凯郭尔的存在主义哲学出现的背景。

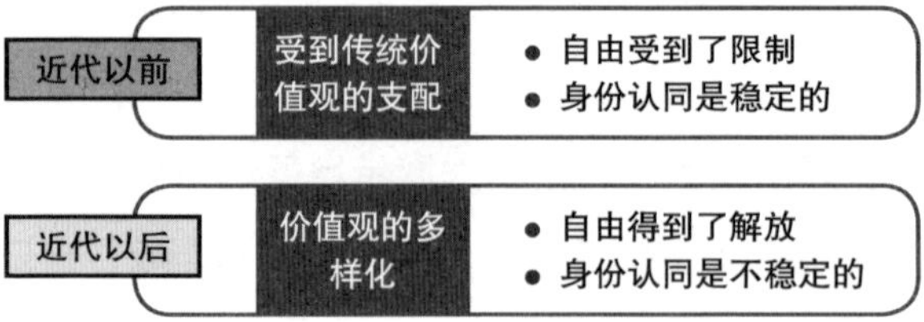

近代社会的价值观与身份认同

绝望与可能性的哲学

克尔凯郭尔向人类的存在问题发起了挑战。他以自我的存在救赎为主题探究“我是谁”的问题，被认为是存在主义哲学的先驱。

克尔凯郭尔认为人类存在的本质的关键词是“绝望”“不安”与“孤独”。他在自己的主要著作《致死的疾病》中表示，因为人类必将迎来死亡，所以他们一生都是孤独、不安和绝望的。尤其绝望才是人类存在的本质，既然人类是必死的存在，那么其就具有必然性。“绝望是致死的疾病”这一名句就包含了上述意义。

小知识

克尔凯郭尔（Soren Aabye Kierkegaard，1813—1855）：丹麦哲学家，存在主义哲学的始祖。虽然他的主题是如何成为一个基督教徒，但他总受到罪恶感与不安的侵扰。出于心理原因，他解除了与蕾吉娜的婚约。这种对于存在的烦恼才是他研究的哲学主题。著作有《致死的疾病》《重复》《恐惧的概念》等。

克尔凯郭尔认为，“绝望”分为两种。

第一种绝望是“有限性绝望”，这并非从自身固有的观点出发，而是基于社会价值观的理解。

人为了摆脱对死亡的绝望，会通过埋头于世俗活动以排解从绝望中产生的烦恼。但这会使人变得只能以通过“出人头地”“赚钱”“养儿育女”等被世人认为有价值的行为来衡量自己，最终反而会因迷失真正的自我而陷入绝望。

另一种绝望是“无限性绝望”，它源于人试图成为历史、命运、人类等无限事物的幻想。

具体来说，对宗教或社会变革等理想的追求较为典型，这会导致自我变为缺乏具体性的抽象概念，最终使人绝望。

人类的存在就这样为绝望所笼罩。

人类的本质是绝望

但在另一方面，人类又是具有可能性的生物。

人类的确是生活在孤独与绝望之中的存在，但人类还是能够在生活中发现某种可能性。

“如果有人昏倒了，我们也许会大声叫道‘拿水来’。但如果有人绝望了，我们也应该喊着说‘拿可能性来’。”克尔凯郭尔说道，“可能性才是唯一的救赎者，借此绝望的人才能苏醒过来，并重获新生”。

人类不管过得多么悲惨，面临着怎样的窘境，只要拥有某种可能性，就能回避绝望，怀抱希望继续生活。只要有了可能性，我们就不会认为自己的生命是无意义的，还能重获自己昔日的光辉。

反过来说，一旦失去了可能性，我们就不得不陷入绝望之中。当我们有想做某事的欲望时，比实现欲望更重要的是找到欲望实现的可能性。

但最终，人要面对“死亡”这一绝对的不可能性。人避开死亡的可能性是零。也就是说，随着死亡的到来，所有的可能性也将消失。正因如此，人类不得不背负着绝望生活。

克尔凯郭尔表示，因此留给我们的唯一出路，就是去相信，对上帝来说一切都是可能的。但这并不意味着只要相信上帝就能得到救赎。他独自与上帝对峙，试图从信仰中找到可能性。因为对克尔凯郭尔而言，“信仰”才是可能性的极限。

克尔凯郭尔和尼采一起给 20 世纪前半叶的存在主义哲学带来了深远影响，并为海德格尔、梅洛－庞蒂和萨特等人所继承。

这也就意味着随着自由生活的可能性增加以及价值观的多样化发展，人们开始自问自答“自己究竟想做些什么”“怎么做才是有价值的”。

就这样，人们开始主动地探究“我是谁”的问题。

尼采与虚无主义

世界有无数种解释

19 世纪末的德国哲学家尼采否定了唯一绝对的真理的存在，并首次提出“世界可以有无数种解释”的观点。他的这一观点给现代思想带来了极大影响。后现代主义思想中的形而上学批判（真理批判）与相对主义就继承了尼采的这一观点。

但当我仔细地阅读了尼采的著作之后，发现他的观点其实并非单纯的真理批判。与后现代主义思想不同，尼采的确说过“世界可以有无数种解释”，但他还进一步探究了“为什么世界可以有多种解释”，以及“某种特定的解释是由何产生的”。

尼采认为，因为强者（高贵的人）相信自己的力量，所以他会把自己的行为当作价值评价的基准。对强者来说，“好”就是重视自己想做的事（欲望），积极地享受生活。

但弱者对自己没有信心，不能积极地评价自己的行为。因此，他们会试图通过降低与自己相反的强者的价值，以相对地提高自身的价值水平。弱者认为，他强，所以“不好”，而跟他相反的我则是“好”。简言之，弱者的价值评判是相当扭曲的。

尼采在批判基督教时使用了这个观点。

创造出基督教的犹太人，正是被强大的罗马支配的弱者。因此他们为了消除这个现实，就在观念中把价值颠倒了过来，说强大的罗马人不好，而弱小的我们才是好的（正确的）。

尼采认为，上面这种解释来源于一种强烈的“怨恨”（Ressentiment）。于是，“贫困与弱小的人类才是正确的”这一基督教禁欲的价值观诞生了。这是一种否定生命、肯定彼岸世界的思想。

小知识

尼采（Friedrich Wilhelm Nietzsche，1844—1900）：德国哲学家，给后结构主义和存在主义哲学等现代哲学带来了巨大影响。在文学方面的研究亦受到认可，24岁时担任大学教授。之后，他辞去大学的工作，开始不断发表自己的哲学研究。45岁时，精神崩溃。著作有《查拉图斯特拉如是说》《权力意志》《论道德的谱系》等。

人类本来就是享受生命的存在。如果能够摒弃弱者扭曲的世界观，并克服怨恨，我们就能过上更自由且美满的生活。尼采所考虑的就是这种“对生命的肯定”。

克服虚无主义

由以上观点可知，尼采研究的哲学的真实面貌是以“我”为中心，重新审视生命意义与价值的存在主义哲学。

虽然他确实给后现代主义的相对主义带来了极大的影响，但单纯的相对主义会招致“绝对正确的生命意义和价值根本不存在”的虚无主义。对此，尼采试图探索出“克服”这类虚无主义的方法。而克服虚无主义的关键则是“权力意志”的概念。

“权力意志”指的是生存的力量，和维系自己生命、试图成长的意志（欲望）。

世界的含义与这个欲望（权力意志）相关。如果一个人的生存欲望很强烈，那么他就会觉得世界是充满可能性的。反之，如果生存欲望很微弱，那么对他而言世界充满了不安和绝望。

尼采认为，“权力意志”为世界带来了解释。

如上文所述，弱者根据自身的怨恨来解释世界，并对世界持否定态度。使人认为这个世界是错误的。不过，“真正的世界”（真实的世界）应该存在于某个地方。所以，最终还是否定了现实的虚无主义。

这种否定现实世界的构想是由“权力意志”（生存的力量）的弱小而产生的。而且，在尼采看来，现世的苦难会在来世得到回报的基督教观点，正是弱者的想法。《论道德的谱系》中对基督教的批判就包含了这一层含义。

另外，强者会通过“想要享受自己的人生”的欲望对世界进行解释，并对世界进行肯定。这是由“权力意志”的强大而形成的世界图景。

尼采认为，就算世界不存在真理，生命也没有唯一绝对的含义。真正的强者不管经历多少苦难都依旧会试图在世界中找到属于自己的价值和含义，并肯定自己的生命。可以说，在某种意义上，这是通过贯彻虚无主义来克服虚无主义。尼采在《查拉图斯特拉如是说》中，将这种同一苦难的反复到来称作“永恒轮回”。

永恒轮回是为了肯定现实世界而被设想出来的，尼采独有的故事。尼采所追求的人类的理想姿态是能够克服怨恨，即使接受了永恒轮回的苦难也坚持肯定生命的强者（尼采所说的超人）。

权力意志			世界的解释
	弱	否定现世、怨恨	
	强	肯定现世	

世界的解释与“权力意志”的关系

世界解释的来源

话说回来，这种对于世界的观点还能给“世界是什么”这一问题带来重要的启示。

正如上文所说，既然客观世界是无法认识的，那么“世界是由什么组成的”这一从初期希腊哲学延续到近代哲学的问题就不再是哲学的中心问题。既然世界的真实（真理）根本不存在，那么“世界的真实是可以认识的吗”这一问题也是没有答案的。正如尼采所说，世界可以有无数种解释，而所谓的正确解释是不存在的。

然而，如果只认为“世界可以有无数种解释”，那不过是单纯的相对主义罢了。后现代主义中的不少思想都还停留在相对主义上。不过，尼采的思想则更为深入。他认为，虽然世界的解释因人而异，但这些解释都来源于“权力意志”。

就这样，尼采找到了每个人对世界看法的共同结构。世界的解释会根据“权力意志”的不同而发生改变，这就是尼采给出的答案。

但是，尼采并没有给出较为详细的说明。对这个观点展开更为严密讨论的哲学家，是继承了胡塞尔现象学的海德格尔。在下一节中，我将向大家介绍海德格尔对世界本质的说明，以及人类存在的本质主义。

海德格尔的存在主义哲学

海德格尔的世界本质

海德格尔的主要著作《存在与时间》是建立在对现象学的深刻理解之上的卓越的人类分析。书中巧妙地提取出了人类的存在（存在方式）本质。这本书被认为是 20 世纪最优秀的哲学书籍，也是现象学中本质直观的优秀实例。

海德格尔把人类（此在）的形式为“生存于世界内部”的生命经验称为“在世存在”，他试图探明对人类而言的世界本质和人类的存在方式（内在）。让我们先来看看他所提取出的

“世界”本质。[1]

因为海德格尔的世界分析以现象学观点为基础，所以其分析对象并非客观世界，而是意识（主观）世界，并对其所承担的意义进行研究。

首先，只要分析“世界”的各个事物是如何出现在“此时此地”（我的主观里）的，就能知道其特质承担了“用来……”的含义，以及我做某事的方法（工具性）。

假设现在我们眼前有一个装了水的“杯子”。如果我口渴了，那么它就是我“用来”喝水的工具；如果有人激怒了我，那它就是我“用来”泼水的工具。

也就是说，世界的各个事物会根据我（此在）的兴趣（思虑）来表现其“用来……”（为了……）的特质。

这和尼采认为世界解释由“权力意志”而决定的观点是一致的。简言之，对“我”而言的世界的含义，是由我的欲望和兴趣所决定的。

但是，我们不能认为是我赋予了客观事物“杯子”和“用来喝水的东西”的含义。

从现象学的角度来看，这是一个以客观世界的存在为前提的观点。因为这一观点认为这个事物从一开始就作为“杯子”和“用来喝水的东西”出现，并且在这个事物被赋予含义之前，这个叫作“杯子”的客观事物就已经存在了。

---

① 注：“此在”就是人，这一概念是海德格尔思想的精华所在。

只不过，因为特定的观点，所以承担了“用来”这一工具性含义的各个事物看起来才会像是客观事物。

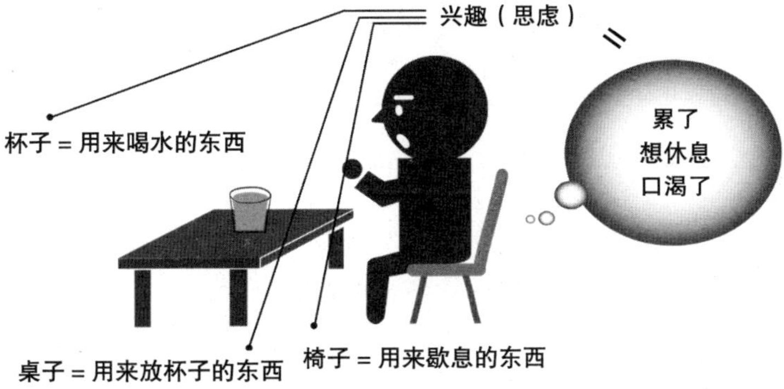

世界的含义“由我的兴趣”决定

其次，某个事物的目的和其他事物的目的互相联系在一起，构成了特定的目的关联。比如说，锤子是用来敲钉子的东西，但它还包含了“使用钉子来修理房屋”，这一修理目的。而这个修理则与“在台风或地震中保护自己”的目的有关。最后，锤子还和“住进那栋房子”的最终目的存在关联。

也就是说，最终目的就是我（此在）的可能性本身。

海德格尔认为，包含了承担“为了”的含义的各个事物的最为广泛的整体就是“世界”，作为“为了”这一关联的最终目的，它总是在如何判断、如何行动、如何生活的问题上向我展示出某种可能性。

小知识

海德格尔（Martin Heidegger，1889—1976）：德国哲学家。他从现象学观点出发，展开了自己独有的存在主义。《存在与时间》一书，给20世纪的哲学带来了巨大影响。但由于他拥护纳粹政权，晚年受到了严厉批判。其著作还有《形而上学导论》《尼采》《关于人道主义的信》等。

世界是什么呢？世界就是由我的兴趣（思虑）所决定，并且会向我展示某种可能性的各个事物的总体。

海德格尔的人类存在的本质

接下来，让我们来看一看海德格尔所洞察的人类存在方式（内在）的本质。

海德格尔通过“心境”“理解”和“描述”三种构成因素（本质契机），对人类于“此时此地”的存在（此在）进行了说明。

比方说，在和某人的聊天过程中我们感到不愉快时，这个心情（心境）伴随着对“感觉有点讨厌啊”这一模糊含义的领会（理解）。如果之后我们意识到“这家伙一点都不考虑别人的感受，真叫人讨厌”，并跟别人说“那家伙真恶心”（描述）之后，那么本来模糊的不快感的含义就被解释为明确的语言，变成了和别人共享的事物。

像这样，人类在日常中的存在方式就是“理解心情，进行描述”。可能有人会想，我们有时候虽然领会了心情的含义，但也未必会把它说出来。其实，海德格尔所说的“描述”，还包括听和沉默，这表明我们和他人是共同存在（共在）的。

在这三种本质契机中，对人类存在而言“心境”（心情）是最根本的事物，它展示出了人类自身的兴趣（思虑），这个兴趣才是构成了“此时此地”中世界含义的事物，而且决定了人类的存在方式。

人类存在方式的本质（心境、理解、描述）

从存在角度看“时间”

上文所述，人类不断地通过三种构成因素（心境、了解、描述）来理解自己的兴趣和欲望，并根据这个兴趣和欲望来选择自己的行为或存在方式。

这意味着，要从至今（过去）的理解（“曾是什么”）中，选择出今后（未来）的可能性（“可能是什么”），借此，“现在”这一时间才会形成。

海德格尔称上述理论为“时间性”，认为它是人类存在的基础。

一般来说，人们认为“时间”就像直线型的河流，具有实体的概念。但现象学的观点认为，时间是与自身存在相关的、自然形成的事物。

比方说，当我们发现自己因过度在意他人的评价而感到不安时，就会想要减少对他人的在意，成为一个言行举止能够符合自身意愿的自由的人。于是，我们就会意识到成为那样的人的可能性，并开始为了实现它而生活。

过去，指的是“自己曾经是怎样”的表象（印象），通过接受（理解）这一自我印象，未来应该做的事就会被选择出来。未来，指的是“自己未来是怎样”的可能性表象。通过这个可能性表象，“此时此地”的各个事物和现象作为各种各样的含义出现，形成了自我与世界的含义关联。

这就是海德格尔的存在主义式时间观点。

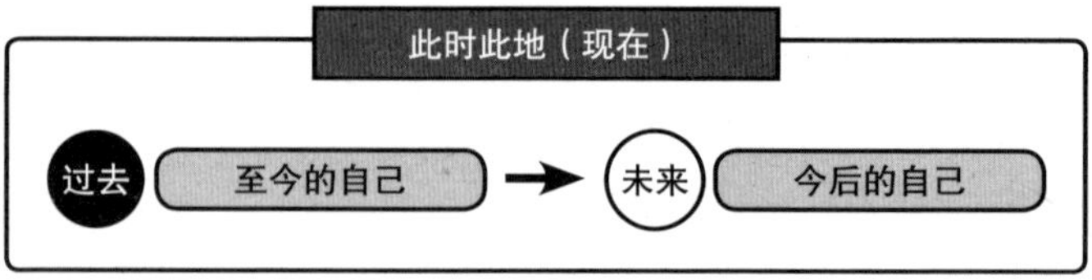

存在主义式时间

死亡的不安与“良心的呼唤”

通过察觉到自己的心情，接受“至今（过去）的自己（理解自我）”，根据自身的欲望和兴趣对行为进行选择，借此“今后（未来）的自我”的可能性才会出现。这就是海德格尔提出的存在本质。

不过，大多数人在日常生活中都为工作或杂事忙得焦头烂额，所以不会对“今后的自己”进行深入思考。他们专注于眼前的各个事项，忘记了自身固有的存在可能性。比起几年后的事情，更担心今天或明天的安排，每天都过着做一天和尚撞一天钟的生活。他们基本上不回忆过去，也很少展望未来，为同一个“现在”仿佛永远持续着的倦怠感所笼罩。

海德格尔将这类人的存在方式称为“沉沦”。它是人们为了掩饰自己内心深处对死亡感到的不安，在无意识中将自己隐藏起来，试图摆脱死亡的恐惧而产生的状态。

但只要意识到“自己早晚有一天会死”，人们就会产生类似“维持现状真的好吗”“现在的生活真的不会让自己后悔吗”“我还有应该要做的事”的想法，然后开始重新审视自己的人生意义。如此，人类会被“我必须做自己应该做的事”这一内心的声音（良心的呼唤）唤醒。

这也是人们直面自己的过去以及自身可能性问题的瞬间。

就这样，人们开始全面检点过去的自己，在想象“原本自己应有的姿态”的同时，开始推敲自己成为那个应有姿态的可能性。也就是说，人类能够通过自我理解这一存在方式，恢复原来的自己所固有的存在方式。

自我理解的哲学

虽然我对海德格尔认为人类的日常是“非原有的存在方式”

=“沉沦”的状态的观点还留有一些疑问，但毫无疑问的是，海德格尔对人类存在的分析使得他敏锐地捕捉到了人类的存在本质。而且，我们的确通过心情了解自己的兴趣，并以这个兴趣所指示的可能性为目标而生活。

打个比方，我们因谈话对象的言行而感到不快，并将眼前杯子里的水泼到了对方身上。在此情况下，对对方的厌恶和愤怒的心情引起了基于“想让他吃点苦头”“想让他知道错”的兴趣（欲望）的行动。杯子里的水作为惩罚对方的工具对我而言是有用的。

就算这个出于冲动的行为没有建立在对自身兴趣的充分理解之上，它也是我在理解自己心情的同时，根据和自己兴趣相关的可能性而做出的行为。

当然，当人们更有意识地理解自己的兴趣，充分斟酌其可能性之后再采取行动的时候，在“通过心情了解自己的兴趣，并向着可能性展开行动”的意义层面上是和上述情况一样的。

实际上，借助内省的自我了解（自我理解）拥有消除许多烦恼的可能性，它还被运用在现代心理治疗中。我们经常因为在无意识中压抑自己的兴趣和欲望（真正想做的事）而对自我产生不信任感。但是，只要我们能意识到自己的心情，察觉到自己真正的兴趣和欲望，就能朝着自己真正渴望的方向迈出步伐。

在海德格尔的哲学中，这类借助内省的自我了解和死亡的意识有着很深的联系。海德格尔认为，由于意识到死亡，人们才会听到“良心的呼唤”，才能变回原来的自己，向着原来的可能性迈出脚步。

这个观点对于意识到死亡的不安、为自己的生命意义而烦恼过的人来说具有很强的说服力。而且，海德格尔对“死亡”的存在主义式分析也完美地阐释了“死”这一观念的本质。

除了对“死亡”的分析外，从现象学角度来看，海德格尔对“时间”和“人类的存在方式（存在）”的分析也是极为优秀的本质直观。

在《存在与时间》出版之后，海德格尔由于拥护了纳粹主义，至今仍受到严厉的批判。他晚年的思想也发生了极大的改变（被称为“轮回”）。《存在与时间》内的现象学思维和存在主义哲学被摒弃，其思想也转变为难懂的“存在”思想。从某种意义上讲，这属于形而上学的复活。因此，我并不是特别赞同海德格尔后期的思想。

反之，我认为《存在与时间》更应该重新被评价。海德格尔洞察人类的存在本质存在于自我了解之中，揭开了人类存在的原理的功劳还是值得高度赞许的。

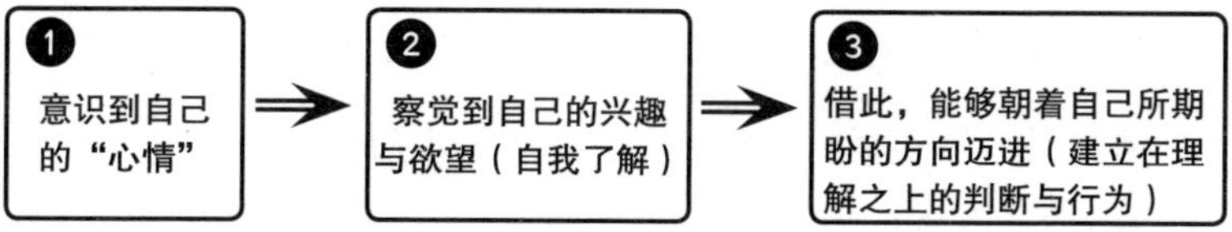

通过心情获得的自我了解

梅洛 - 庞蒂与萨特

梅洛 - 庞蒂的身体主体性

和海德格尔一样，梅洛 - 庞蒂也通过现象学的观点对人类存在进行了探究。对于“我是谁”的问题，他认为解答的关键在于“身体”。其主要著作《知觉现象学》其实就是介绍“身体”的现象学，是极为优秀的对身体的本质直观。

梅洛 - 庞蒂认为，身体首先拥有一个独立的含义空间（身体空间），它和我们所意识到的客观空间是不一样的。

比方说，身体虽然已经因为事故而失去了四肢，但能感受到来自已经失去的四肢的痛楚或瘙痒（幻肢痛）。究其原因，这是因为熟悉的身体感觉和客观空间认识是互相独立的。身体并非客观空间的一部分，反而创造出了使客观空间成立的独特的身体空间。

小知识

梅洛－庞蒂（Maurice Merleau-Ponty，1908—1961）：法国哲学家，受胡塞尔和海德格尔影响，提出了自己独有的身体性理论。他先后在里昂大学、巴黎大学和法兰西公学院担任教授，后因心肌梗死而早逝。著作有《行为的结构》《知觉现象学》《符号》《可见的和不可见的》等。

除此之外，因大脑残疾而患有某种运动失调症的患者，虽然不能有意识地活动手脚，但能把手迅速地移动到被蚊虫叮咬的地方。虽然能够凭借反复的肌肉记忆做出行动，但无法完成类似“下次把手放到这里吧”这样的基于想象的意识性身体运动。

这意味着，身体虽然可以完成基于身体空间的习惯性身体行为（运动），但基于客观空间意识的运动则是无法完成的。但是身体含义的沉淀使得这一系列基于身体空间的行动和感觉成为可能。

一般来说，最开始基于想象的意识性身体运动，只要经过多次反复之后，身体渐渐地就会在无意识中（不必想象）自然地做出反应。诸如汽车的驾驶、运动中的快速反应、电脑的盲打等。身体虽然最开始是有意识地控制着这些行为，但经过反复的练习和习惯之后，哪怕不需要大脑的思考，身体也能自然地做出反应。身体空间就形成于此。

当人掌握了新的行动样式时，说明身体已经理解并同化了新的含义。当身体在无意识中完成了某一行为时，这个行为（运动）的含义并不是被有意识地想象出来的，而是早已刻进身体里的。

梅洛－庞蒂认为，身体存在含义需要沉淀，其含义只有在完成了身体反应和运动才能被人意识到。因此，身体空间的存在只能在事后得到确认（确信）。

上文中提到的有幻肢痛或运动失调的患者，也是由于过去经验形成的身体空间（身体中沉淀的含义），才导致了这种感觉（运动）的产生。梅洛－庞蒂运用这些患者的事例真正想要表达的正是这种身体主体性。

如果身体本身具有含义，并在意识（基于沉淀含义）之前就会产生反应，那就说明了“万物的含义是由意识赋予的”这一主知主义（唯心主义）的局限性。另外，如果身体赋予了对象含义，那么将身体作为研究对象的实证主义（自然科学）也存在问题。

也就是说，梅洛－庞蒂在意识（主观）与对象（客观）之间加入拥有“既是赋予对象含义的主体，其本身又是对象”的含混性（暧昧性）的身体，同时，他也批判主观主义（唯心主义）和客观主义（自然科学）。

简言之，身体才是赋予对象含义的主体，精神（意识）只不过是在事后理解其含义罢了。因此，在回答“我是谁”问题的时候，与其回答“精神”，不如回答“身体”。

梅洛－庞蒂的“我就是我的身体”（《知觉现象学》）这一结论，正是通过上述对身体的本质考察而得出的。

但是，从严密的现象学观点来看，梅洛－庞蒂的唯心主义批判也是存在问题的。就算在意识之前身体就已经赋予对象含义，但这样的身体含义最终也要在意识中被理解，因为我们无法证明在被人们意识到之前，身体的含义是否存在。

但不可否定的是，梅洛－庞蒂的身体论的确是极为优秀的本质直观。他敏锐地抓住了身体的本质，为我们提供了全新的观点。

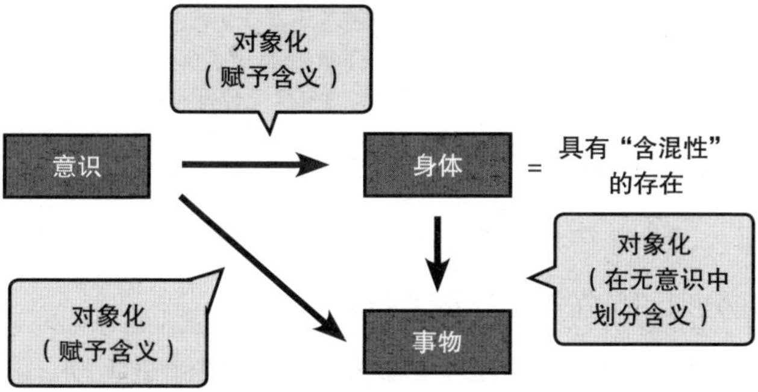

身体的含混性

萨特的存在主义

从“二战”前到“二战”后，萨特与梅洛－庞蒂一同提出存在主义哲学，两人是当时世界上最著名的哲学家。萨特虽然现在受到了来自后现代主义的彻底批判，他的哲学也被认为是过去的哲学，但如果考虑其影响力，毫无疑问，他是讨论20世纪哲学时不可不提的人物。

萨特观点的出发点也是胡塞尔的现象学。在初期的《想象》和《自我的超越性》中，萨特试图通过现象学方法（本质直观）对想象力和情感的本质进行分析（不过并不是很成功），但由于之后受到了海德格尔的强烈影响，他开始形成自己的独立思想。其观点的奠基之作就是《存在与虚无》。

小知识

萨特（Jean-Paul Sartre，1905—1980）：法国哲学家、作家和评论家。长篇小说《恶心》是其成名作，《存在与虚无》确立了其哲学家的地位。在黑格尔、胡塞尔和海德格尔的影响下萨特展开了自己独有的现象学式存在论，提倡无神论的存在主义。著作有《辩证理性批判》等。

那么，《存在与虚无》又介绍了些什么呢？首先萨特将各个存在分为"自在存在"和"自为存在"。

自在存在指的是满足于自身的存在，也就是事物。我们眼前的杯子和电脑，以及窗外的建筑物和太阳，都是自在存在。自为存在指的是不断审问自身存在的，无法满足于自身的存在，也就是拥有意识的人类。

萨特在说明人类（自为存在）时，使用了"人不是其所是，而是其所不是"的说法。这意味着，人类是不断否定现在的自己（虚无化），面向未来，并试图超越自己的存在。

萨特想表达的是，人类在意识到“我是 × ×”的同时，又会否定说“不，并不是这样”，然后反复审问自己的存在。不仅如此，人类还会想象出自己的应有姿态，并试图向那个姿态靠拢。

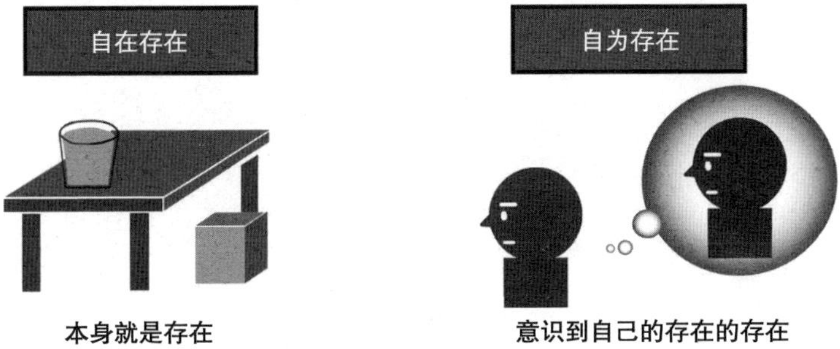

自在存在与自为存在

同时，这也意味着，人类是“自由”的存在。因为每当人舍身追求未来的可能性时，都会重新选择自己的存在方式来生活。自己的未来还有无数种可能性。对此，萨特用“存在先于本质”进行了说明。也就是说，自己的存在是由个人的选择所决定的。

既然能够选择自己的行动，那么必然就有自由的存在。但由于人类事先已经被投入了一个特定的状况中，所以对此状况的否定和超越才是自由所在。

萨特认为，为了超越状况（现状），就必须积极地参与到（介入）其社会状况和政治状况中，这就是他日后支持马克思，并投身于马克思运动中的原因。

之后，萨特认为马克思主义是“不可超越的思想”，且将对马克思主义的信奉贯穿了自己的一生。

弗洛伊德的精神分析

无意识的发现

弗洛伊德的精神分析学给现代精神医疗和心理治疗，以及人类科学、文学以及艺术等学科都带来了深远的影响。在现代思想领域弗洛伊德无疑是重要的思想家。

这也是在讨论人类问题的时候，“无意识”的概念必不可少的原因。

在17世纪以后的近代社会，人们坚信人类是理性的存在，通过理性的思考能够发现真理，实现理想社会。但是，自从弗洛伊德的无意识理论这一新的人类构想诞生以来，与其说人类是“基于理性思考展开行动的存在”，不如说人类是“受无意识欲望影响的存在”。

这个新的人类构想不仅动摇了近代的启蒙主义，还使近代哲学的理性主义和意识主义都发生了动摇，并向人类的主体性提出了质疑。

弗洛伊德本人作为近代理性主义哲学家，其“无意识”的发现也源自近代理性思维。理性思维不会将梦游状态或梦境这种源自自身无意识的行为归因于上帝或恶魔，而会试图在精神本身的作用中寻找原因。当人们试图对难以理解的行为进行合理说明时，就会假设行为中存在无意识。

正因为弗洛伊德认为无意识的根源在于欲望这一观点，使得他在 20 世纪之后具有巨大的影响力。

在近代社会，人们虽然渐渐具备了自由的条件，能够自由地生活，但大多数人还是不知道自己应该做些什么。自己真正想做的事情是什么？自己是怎样的存在？这些问题的答案，人们一时半会儿还想不出来。这时，人们所面对的正是“我是谁”的问题。

通过精神分析得到的对无意识欲望的解释为人们的上述不安和疑问提供了答案，因此得到了许多人的支持。

与此同时，由于人们不再认为人类是基于理性判断而行动的存在，因此受到无意识欲望的制约的人类理想姿态渐渐浮出水面。20 世纪以来，经历了两次世界大战的人们为人类的愚蠢感到痛心疾首，而弗洛伊德的观点则给他们带来了强烈的认同感。

就这样，弗洛伊德的精神分析在精神医学界已经获得众人关注的同时，又在哲学思想领域崭露头角，其影响力甚至扩大到了文学、艺术以及人文科学。虽然现在精神医疗的一线称弗洛伊德的思想落后于时代，但他在思想领域依旧得到很高的评价。他的思想和现代思想的反理性主义倾向也有一些关联。

然而，无意识的存在虽然展示了理性的极限，但人类只有通过理性才能认识其存在。弗洛伊德的解梦和神经症理论也都试图通过理性对无意识进行把握。正因如此，他的思想才会被为“我是谁”而烦恼的一般大众广泛接受。

这在我们对弗洛伊德进行评价时具有重要意义。但也别急着下结论，让我们先来简单地说明一下弗洛伊德的精神分析理论。

小知识

弗洛伊德(Sigmund Freud,1856—1939)：奥地利精神病理学家。年轻时，他为沙可的催眠术所倾倒之后，坚信无意识的存在，创立了精神分析学。这一思想为现代的深层心理学和心理治疗奠定了基础，给思想和文化带来了巨大影响。晚年由于纳粹的迫害避难英国，后死于伦敦。著作有《精神分析引论》《梦的解析》等。

精神分析治疗法

19 世纪末，弗洛伊德开始构思精神分析学。在当时的西欧社会，名为“歇斯底里”（癔症）的神经症（心理疾病）十分常见。这是一种以某种不安为导火索，产生肢体麻痹、痉挛、疼痛等身体症状的疾病。

当时，对歇斯底里症患者使用催眠治疗的方法成为主流。催眠治疗指的是，在催眠状态下通过暗示消除患者身体症状的治疗方法。但是，催眠暗示并没有消除患者根本上的不安，就算症状暂时消失了，患者还是会受到不安的强烈侵扰。神经症的症状就是为了避免不安而产生的一种心理防御机制。

因此，我们就有必要把这个源头（不安）消除掉。正是在这一试错过程中，弗洛伊德获得了划时代的大发现。那就是“只要患者察觉到了无意识的欲望和不安，其症状就会消失”的事实。

假设有个患歇斯底里症的小男孩称自己下半身瘫痪了。如果他“在学校遭到了欺凌”，那么我们就可以猜想他之所以不能行走，是因为这样就可以不用去学校，也不会遭到欺凌了。

“你的下半身瘫痪有可能是无意识中的欲望和不安导致的。”只要这样告诉患者，并得到患者本人的认同之后，歇斯底里症的症状就会消失，小男孩就又可以下地行走了。

只要患者回忆起受无意识压抑的记忆，神经症就能痊愈。对此，弗洛伊德深信不疑。此外，为了让人意识到自己的记忆受无意识的压抑，弗洛伊德还想出了自由联想的方法。这是一种让患者在放松状态下直接把浮现在脑海里的记忆不断地向分析家诉说的方法。借此，无意识才被患者注意到，患者才不至于产生心理扭曲。

但是，弗洛伊德在精神分析的过程中遇到了困难。

患者有时候会在自由联想中故意避开核心话题，有时候会表现出明显的抗拒，并采取妨碍治疗的态度。患者虽然嘴上说“我想痊愈，请治好我”，但他们的反应告诉弗洛伊德：“我不想痊愈。”

因此弗洛伊德认为，痊愈之后可能会发生对患者不利的事，但患者本人并没有察觉到这一点。

说到底，神经症的症状是一种对不安的心理防御机制。如果神经症的症状消失了，那么对不安的防御也会消失，进而引发更为强烈的不安。假设上文中提到的下半身瘫痪的患者对治疗表现出无意识的抵抗，那么这一定是因为如果他又能下地走路了，就必须再次回到学校，回到学校就又会受到同学的欺凌。也就是说，这个不安导致了患者无意识的“抵抗”。

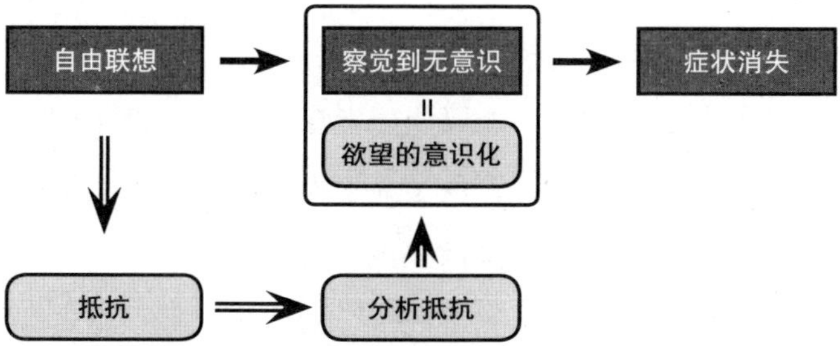

如果一个社会的道德规范对“性”非常严格，那么人们的性欲也会受到压抑，在精神分析中对承认性欲也可能会显示出强烈的抵抗。这是因为“有性欲的人会受到周围人的责难”这一不安的存在。就算是对性比较宽容的现代社会，如果被这种对性非常严格的道德规范浸染，那么也会产生无意识的压抑和抵抗。

弗洛伊德认为，这种内在的道德规范一定是受父亲命令的影响而内化的事物。关于这个内化，弗洛伊德做出了以下说明。

五六岁的男孩子会对母亲抱有强烈的爱意，而将父亲视为敌人。这种亲子间的纠葛就是有名的“恋母情结”（俄狄浦斯情结）。但最后男孩又会出于对父亲的敬畏而开始听从父亲的命令，并且父亲的命令（“必须做……”的规则）会被刻进孩子心里。弗洛伊德将这个内化的规则称为“超我”。

这个说明能听懂的人可能很少。不过，小孩对父母命令的内化还是比较常见的。在幼儿期，为了不让爸爸或妈妈生气，孩子都会接受父母的命令、期待和要求。此时，如果父母的命令或要求是扭曲的，那么孩子就会掌握不合理的规则（扭曲的超我），变得容易患上神经症。

因此，在治疗中，不能只让患者意识到自己被压抑的无意识“欲望”。如果患者还产生了无意识的“抵抗”，那么就必须予以解释，让患者意识到这一点。

当心理治疗师对患者的“抵抗”做出解释后，患者就能察觉到自身具有的不合理的规则，才能够进行改正。因此，晚年的弗洛伊德致力于对超我与自我的分析。

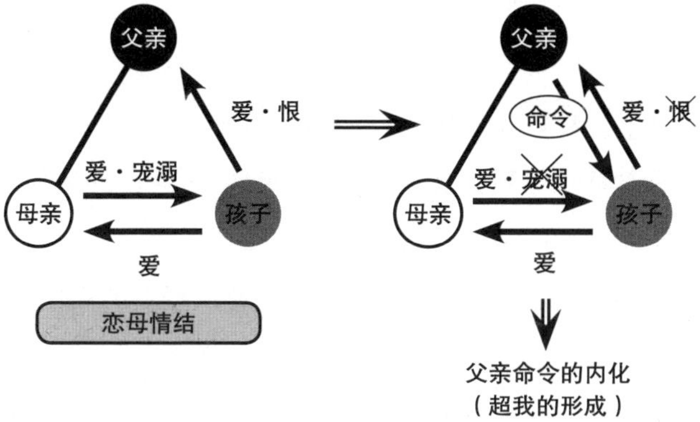

恋母情结的消失

分裂的欲望矛盾

一般来说，弗洛伊德作为将人类根源欲望看作性欲的泛性主义者，受到了严厉的批判。但实际上，弗洛伊德所重视的是性欲与道德心的矛盾，而非只重视性欲这一方面。

弗洛伊德认为，道德心产生于自我欲望。换句话说，道德心就是与自尊心（希望被他人认为是有价值的存在，不想失去信用和尊严）有关的欲望。当过度的性欲快要超出社会能容忍的范围时，只要有道德心，大部分人都能够抑制这个性欲。但是，人类在试图避免周围人的责难、捍卫自己自尊心的"自我欲望"和性欲之间产生了矛盾。

人类总是很难察觉到自己的"自我欲望"。不仅如此，"自我欲望”还经常会变成像超我一样的“刻进身体里的规则”，并被人们当成道德心。

比方说，如果为了捍卫自己的自尊心，获得周围人的评价，而把“哪怕牺牲自己也要工作”这一规则刻进身体里，那么不管有多疲惫多想休息，都不会放下手中的工作。如果自身的自我欲望在无意识中将这个规则当作道德心，那么我们就将很难避开这个规则。结果，人就会逐渐受到难以忍受的烦恼的侵袭，陷入抑郁状态。

由此可见，弗洛伊德不仅将“无意识”看作“被压抑的欲望”，还将其视为“身体化规则”（刻进身体里的规则）。在弗洛伊德之前，没有人提出过这样的观点，只有他敏锐地捕捉到了身体的本质。在此意义上，弗洛伊德可谓“无意识”的唯一发现者。

神经症的根源在于性欲与道德的矛盾，是“对肉体快乐的渴求”与“自我欲望”的矛盾，也是“被压抑的欲望”与“身体化规则”的矛盾，这些矛盾往往发生在无意识中。弗洛伊德看穿了人类的这一本质。他通过“无意识”的概念，向我们展示出了一幅崭新的人类理想图。

需要注意的是，这类无意识欲望的存在并没有否定“人类是理性的存在”这一近代社会的人类理想图。一方面有可能是人类自以为自己的行为基于理性判断的原因，但实际上是受到了无意识欲望的推动。另一方面人类是能够察觉到这类无意识欲望，并在此之上进行理性判断的存在。

如果人类真是受欲望左右的存在，那么欲望的矛盾也不会产生了。就算这个矛盾是无意识的，只要人类察觉到这个矛盾，就能根据合理的理性判断和自由意志采取相应的行动。这正是“只要察觉到无意识，心病就能痊愈”的精神分析战略。

人类存在虽然受无意识欲望的制约，但与此同时，人类也是能够进行理性判断的自由存在。这就是弗洛伊德所描绘出的人类理想图。

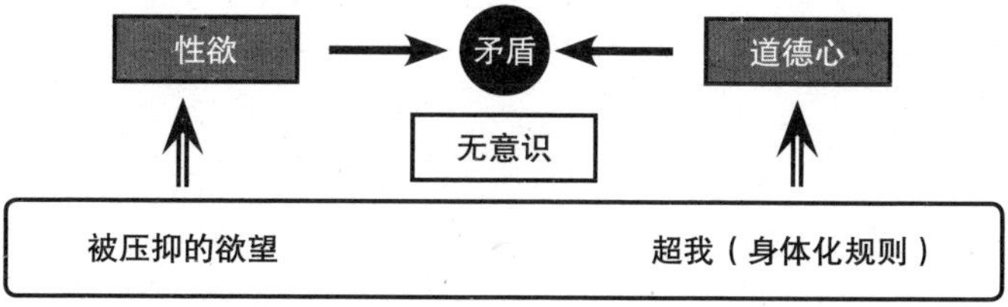

无意识欲望的制约

06 『我』所追求的是什么？

个人欲望与社会规则

人类——产生欲望的存在

关于“我是谁”的问题，在前文中我们已经介绍了存在主义哲学与精神分析的两种观点，如果将两者的观点结合，再加入黑格尔的哲学，就能获得更为深刻而合理的人类存在的本质形式。

在存在主义哲学中，海德格尔提出的存在本质尤为重要。它让人通过心境了解自我的存在（样态），并向从中浮现出的可能性发展。只要能够察觉到自身的欲望，就能做出满意的判断和正确的行为。因为这是自主决定的行为，所以称得上是自由行为。

在精神分析中，比较普遍的观点是："人类是受无意识欲望的制约的存在，理性的判断和行为存在上限，因此，人类不一定是自由的存在。"乍一看，这个观点和基于意识主义与理性主义的存在主义哲学似乎截然相反，所以有不少人认为这两者是相互对立的。

但实际上，弗洛伊德认为，人类的存在本质是"欲望的矛盾"，我们从中可以发现"从矛盾中得出理性判断"的人类理想图。

虽然"欲望的矛盾"是无意识的，但我们只要察觉到它（意识化），就能做出理性判断。精神分析学的必要性就存在于此。

如果弗洛伊德认为人类是由无意识欲望所决定的存在，而轻视理性的力量，那他就不会认为"无意识的意识化是必要的"了。

反过来说，存在主义哲学并没有无视人类的无意识部分。事实上，海德格尔所主张的"在了解心境的同时向着可能性展开行动"这一存在样式，也包含了在无意识中采取行动的情况，他认为无意识的日常情况才是最普遍的。另外，梅洛－庞蒂也发现了沉淀于身体内部的无意识含义。

这样看来，存在主义哲学与精神分析绝非相互对立，它们之间反倒有许多共同点。这些共同点才是我们应该关注的地方。

人类存在于多重欲望的矛盾之中。正因如此，人类才会对自己的追求感到迷茫，有时候还会在无意识中做出自己都无法解释的矛盾行为。但是，只要我们意识到自己的心情，发现其中所表达出的欲望，就能知道怎样的行为才是合理的。

实际上，只要没有陷入神经症，在大多数情况下，我们都可以理解自己的行为。

那么，人类的欲望究竟为什么会分裂，产生矛盾呢？

人类欲望的本质

人类的自我和试图维持自尊心的心理导致了欲望之间的矛盾的产生。弗洛伊德将其称为自我欲望，并认为它是道德心的基础。

实际上，有一位哲学家比弗洛伊德更早、更深入地理解了自我欲望。他就是黑格尔。

正如前文（第 3 章第 5 节）所述，黑格尔认为人类的欲望是“希望被他人认可”的欲望，是和自我存在价值相关的重要问题。“自己的存在是有意义的，自己的存在是有价值的”——为了实际感受到这一点，就必须让他人承认自己的存在价值。因为渴望得到承认对人类来说有着特殊的含义。

因此，对承认的渴望经常和其他欲望产生矛盾，但大多数情况下前者占据优势。

如果有“想在他人眼里漂亮些”的想法，那么就会抑制“想吃蛋糕”的欲望，从而开始减肥。如果“想在工作上被认可”，那么就算有“想睡觉”的欲望也会继续在家中为工作做准备。还有不少人为了被父母认可而坚持忍受并听从父母的要求。

这些举动都是为了让自己的存在价值得到认可。

由于对承认的渴望容易和避免生病受伤的“想休息”“想保持健康的身体”的身体上的欲望相对立，所以两者之间的矛盾会加剧，容易给人带来很大的困扰。

弗洛伊德还认为，孩子为了获得父母的承认，会通过父母的要求、期待和命令将父母的规则内化，形成自己的价值观和行为规范（超我）。由于这类身体化规则会在无意识中影响人类行为，所以人们很难察觉到对自己、对承认的渴望和欲望之间的矛盾（无意识化），甚至有可能导致心理疾病。

那么，究竟该怎么做才能消除这样的苦恼呢？

弗洛伊德认为，只要察觉到自身的无意识欲望，烦恼就会消失，心理疾病也会有所好转。不过，弗洛伊德本人并没有对这样做的理由给出充分的解释。为什么我们只要察觉到无意识的欲望，神经症就能痊愈呢？矛盾和烦恼为什么会消失不见呢？对此，弗洛伊德并没有明确地做出解释。

但是，既然我们已经理解了海德格尔的存在主义哲学，那么我们应该能够回答这个问题。

正如前文所述，海德格尔认为，人类存在方式的本质是通过对过去的自我了解，去追求自己未来的可能性。只要能够通过某种心情了解其根本的欲望，就能知道自己想做什么、应该怎么做，然后朝着那个可能性展开行动。

察觉自己的欲望，并将其中出现的可能性作为生活的目标，这就是自由生活所需的条件。

想要自由生活，就必须在自己有一定理解的情况下，对自己的行为进行选择。为此，就必须了解自己真正想做些什么，意识到自身的欲望。如果不这样做，人就会认为自身行为是不完整的，因此感到苦恼。

正因如此，对欲望的意识才是必要的。按照精神分析的观点来说，就是“无意识的有意识化是必不可少的”。这个观点和海德格尔所把握的存在本质是一致的。

只要意识到欲望之间的矛盾，就能在深思熟虑之后以自己的方式选择出值得优先的欲望，并展开合理的行动。自由的意识就在此萌芽，这也是意识到欲望的益处所在。

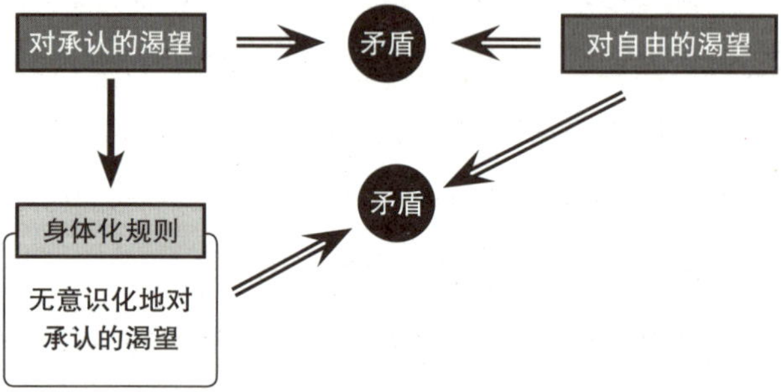

自由与承认的矛盾

个人欲望与社会规则

不过，黑格尔的“人类欲望即对承认的渴望”的观点得到了现代思想的继承。

精神分析大师、结构主义者雅各·拉康受到了研究黑格尔的学者科耶夫的影响，提出了“人类欲望即他人的欲望”的观点。

小知识

科耶夫（Alexandre Kojève，1902—1968）：出生在俄罗斯的法国哲学家，伊波利特、凯洼、巴代伊、布勒东、拉康、克洛夫斯基、梅洛－庞蒂和列维纳斯等人都曾列席于他在法兰西公学院举办的黑格尔“精神现象学”讲座，其思想给现代思想带来了莫大的影响。著作有《黑格尔导读》《法权现象学纲要》等。

这意味着人类并非直接追求承认，而是所有的人类欲望都和他人的承认相关。

比如，有的人之所以想买名牌手提包和流行服饰，可能是因为这些东西在设计上十分优秀。但要是发现衣服已经过时，手提包也是山寨货，恐怕没有多少人还会认为这些东西漂亮又时髦，并且想要拥有它们了吧！

小知识

拉康（Jacques Lacan，1901—1981）：法国精神科医生，精神分析学家，结构主义的代表人物之一。由于他援用黑格尔哲学与索绪尔语言学对弗洛伊德理论进行了独自的解读而被国际精神分析协会开除，后创立了巴黎弗洛伊德学派，给后现代主义思想带来了巨大影响。其代表作《拉康选集》因极其费解而闻名。

正因为人们心底存在某种确信——“其他人也想要”，这些东西才会看起来具有价值。

社会学家、后结构主义理论家鲍德里亚也阐述道，当人类想要拥有某物的时候，他所想要的并非物本身，而是物的社会含义。这是为社会大众所共同理解的含义，且一定和他人存在某种联系。

换言之，具有重要价值的对象一般是许多人共同承认“有价值”的对象。

话虽如此，但人们通常都不会意识到这类价值的承认过程。在他们看来，事物的价值只存在于事物本身，与他人的承认并无关系。

小知识

鲍德里亚（Jean Baudrillard，1929—2007）：法国社会学家，后现代主义思想家。提出了象征交换理论。著作有《消费社会》《象征交换与死亡》《拟仿物与拟像》等。

但是，如果事物的价值不能得到大众的一致承认，那就没有证据可以证明其价值存在普遍性。也就是说，事物的社会含义（价值）中包含了他人的普遍承认。

拉康和鲍德里亚的欲望理论虽然能够说明现代消费中，一般大众紧跟潮流，在消费时给事物赋予了过剩的价值。但他们的理论缺乏对“为什么这些欲望对人类而言具有这样的含义”问题的本质考察。因此，就容易产生“人类的欲望并不具有主体性，只不过是他人的模仿罢了”的讽刺观点。并且，这种看问题的角度容易产生“为了获得他人的承认，人类会抑制自己真正的想法而丧失自由”的观点。

其中，比较典型的是同属后结构主义的德勒兹—伽塔利组合，他们认为，个人欲望被强行塞入了社会这一框架中，并被套进“模板”里。为了维系他人的承认，个人会无条件地接受社会要求，抑制自己的自由。

这类观点在现代思想中很常见，它们认为个人欲望与社会要求（规则）一定是相对立的，社会会妨碍并抑制个人自由。因此，优先考虑个人自由的思想与优先考虑社会（共同体）的思想之间产生了明显对立。

但是，为了获得他人承认而遵守社会要求真的会使人类自由受到压抑吗？

个人自由与社会要求一定是相互对立的吗？

就这个问题，在第 6 章中，我们会回顾近代思想来对“社会是什么”的问题谈一谈看法，并在对各个社会哲学进行解说的同时，探讨个人与社会关系的本质。

只要明确了这个关系本质，“社会是什么”就有了一定的答案，对“我是谁”的问题也会有更为深入的理解。

06
社会是什么？

社会是什么（关系图）

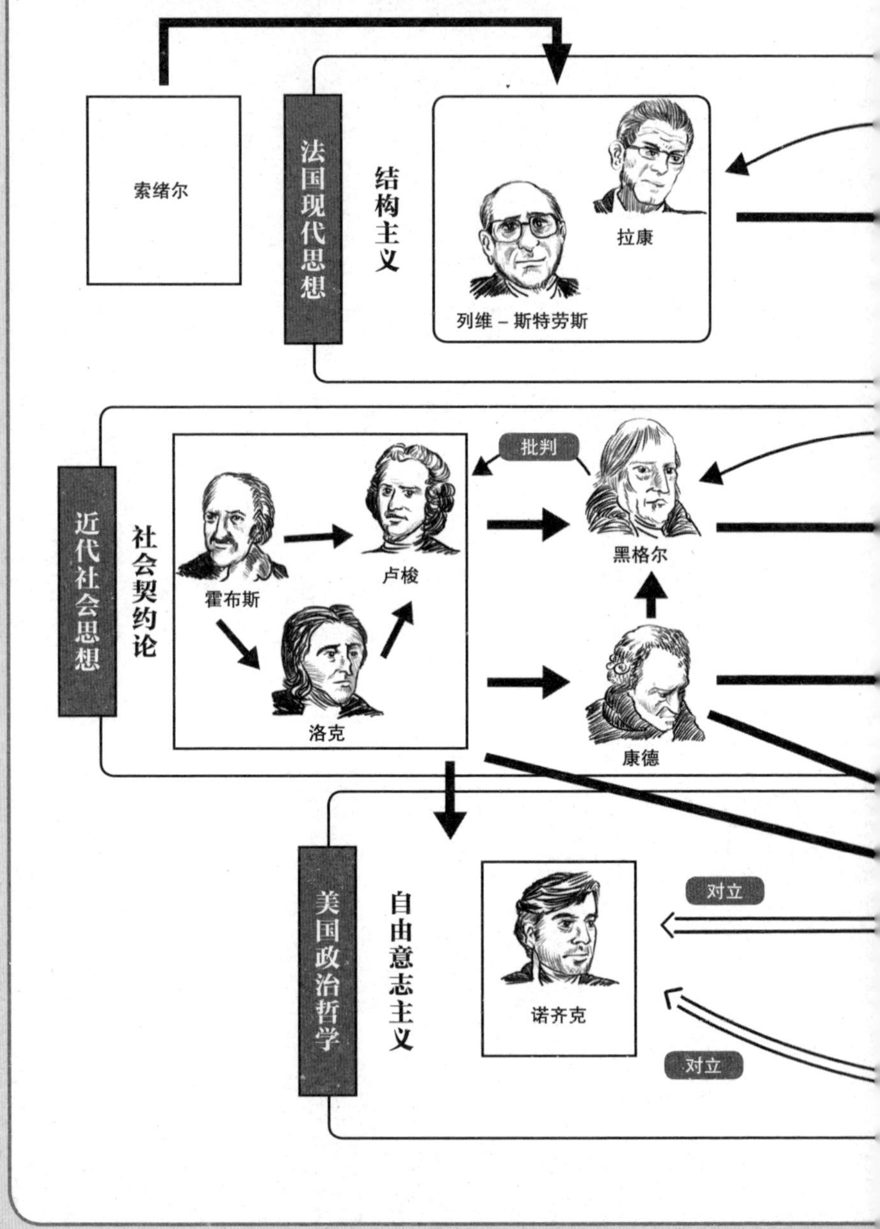

索绪尔
法国现代思想
结构主义
拉康
列维－斯特劳斯
近代社会思想
社会契约论
霍布斯
卢梭
洛克
批判
黑格尔
康德
美国政治哲学
自由意志主义
诺齐克
对立
对立

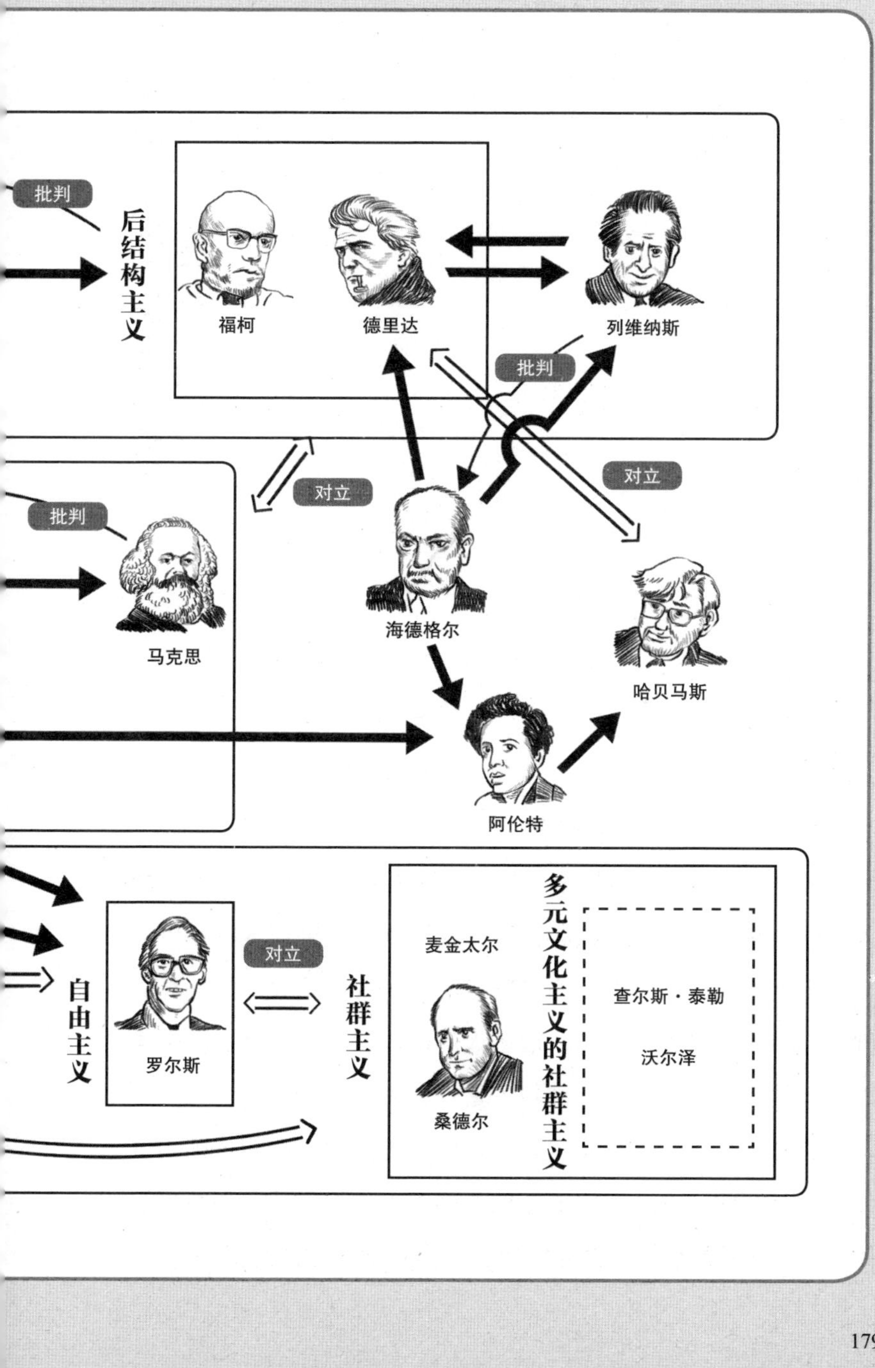
批判
后结构主义
福柯
德里达
列维纳斯
批判
对立
对立
批判
马克思
海德格尔
哈贝马斯
阿伦特
对立
自由主义
罗尔斯
社群主义
麦金太尔
桑德尔
多元文化主义的社群主义
查尔斯·泰勒
沃尔泽

01 社会是由大众契约建立起来的吗？

霍布斯、洛克与卢梭的社会契约论

人类可以改变社会吗？

对“社会是什么”问题进行重新审视时，我们中的大多数人也许会想象出一个个人必须遵守共同规则与价值观的世界。在这个世界里，个人的自由受到了限制，人们总会产生一种仿佛被拘束起来的不自由感。很多人可能都认为，社会是一个难以动摇的系统，而个人则被卷入其中，无法逃脱。

确实，在近代以前，人们认为自己所处的社群的规则与价值观是绝对的，这个世界的结构是绝对无法改变的。和自然规律一样，世界的结构不会因为自己的力量而发生改变。应该说，当时的人们甚至不会产生试图改变社会的想法。

但到了 17 世纪以后的近代社会，这类观点就失去了其绝对性。因为在人们对上帝的信仰产生动摇、王权逐渐丧失时，新的观点诞生了。霍布斯、洛克和卢梭等人的“社会契约论”就是新观点的代表。

社会契约论认为，社会规则是由其中的人民所制定的，只要人民同意，那么规则就是可以改变的。

这个观点之后给社会带来了巨大影响。对社会怀揣不满的人们蜂拥而起，试图改变社会。

但在另一方面，资本主义这一新出现的经济结构，使得西欧社会发生的惊人变化凌驾于人类意志之上。尤其是经济发展落后的国家，人们很难从贫困和严苛的劳动条件中脱离出来。之后， 马克思便诞生了。

马克思指出了资本主义的矛盾，并表明了革命的必要性。毫无疑问，马克思及其思想的影响力是空前绝后的。

事实上，进入 20 世纪之后，以 1917 年俄国革命为首的各种共产主义革命在世界范围内爆发,给社会带来了巨大变革。

市民革命与共产主义革命所追求的社会虽然完全不同，但其根源都存在“社会规则是大众制定的规则，只要它有不完备的地方就可进行修改”的观点。这就是近代社会所带来的无法回头的“视角转换”。

但是，在 20 世纪 70 年代之后，资本主义各国中几乎没有人想要变革“体制”了。一方面是因为资本主义社会实现了一定的富裕，人们没有了豁出性命也要改变社会的动机；另一方面，就算人们对社会抱有不满，但他们也对社会变革不再抱有希望，认为“反正社会是不会改变的”。

人们认为，当今社会过于复杂，仿佛一个不受个人影响的巨大系统。

这种感觉在结构主义、后结构主义等所谓后现代思想中具有显著的倾向。

由于这些思想表现出，个人的自由与主体性是由社会结构（在无意识中）所决定的，所以就连试图改变社会这一主体性行为其实也从一开始就受到了社会的安排和引导。

但是，个人与社会的对立关系是必然产生的吗？社会规则与价值观真的每时每刻都在限制个人的自由吗？

在本章中，我想探讨的正是个人与社会关系的本质。

近代开始出现的“社会是什么”这一问题，究竟给我们带来了怎样的观点呢？它和“我是谁”的问题之间究竟又有什么关系呢？接下来，我带领大家一起来探索这些问题。

我想先以社会契约论为中心，对近代社会“社会是可以改变的吗”这一视角转换的过程进行说明。

霍布斯与洛克的社会契约论

最早提出社会契约论观点的哲学家是霍布斯，他认为国家是人们订立契约的结果。

霍布斯在自己的代表作《利维坦》中，摒弃了以往“国家与社会秩序是由上帝创造的”这一观点，认为“国家是人们为了共同生活，由相互之间的契约所建立起来的”。这一观点在当时具有划时代的意义。

霍布斯将不存在法律和权力的自然状态看作“万人对万人的斗争”的战争状态。

小知识

霍布斯（Thomas Hobbes，1588—1679）：英国哲学家。他对“为了结束战争状态所需要的是什么”进行了探究。代表作为《利维坦》。

人类是拥有自保冲动的存在，不仅会试图保护自己的生命，还会试图捍卫自己的尊严。

因此，人们为了获得名誉与维持舒适的生活，会围绕权力和金钱而展开斗争。这是人类不可避免的本性。如果没有法律的制约，那人类就一定会陷入斗争状态。最后等待人类的就是死神。

因此，为了避免陷入这个状态，人们就会签订一个契约，将某人（或某个集体）视为“主权者”，并绝对服从于主权者的命令。国家及其社会秩序就是这样建立起来的。

以上就是社会契约论的概要。

“不过，这并不意味着人们相互沟通签订契约，并在此基础上建立国家。因为说到底，这只是为了展示国家存在依据的虚构故事罢了。”像这样的轻率批判是不对的。只要从原理上看就会知道，霍布斯的观点具有很强的说服力。

霍布斯认为只要确定了主权者，那么人们就不能违背主权者所制定的法律与政策，必须要绝对地服从。也就是说，社会法律并不是由人们的讨论而制定出来的，而是由被选定的主权者来决定，主权者的权限是绝对的。那么，霍布斯为什么会有这样的观点呢？

当时（17 世纪）的英国内乱不断，王权崩坏之后政变依然频频发生，人们很难过上稳定的生活。这正是霍布斯所说的自然状态。因此，霍布斯认为，为了结束内乱，必须将绝对权力集中在一个主权者身上，并且大家都要服从他。

到了 17 世纪末，由于光荣革命等资产阶级革命结束，英国的内乱迎来了终结。人们在描绘新的国家面貌时，不再需要绝对的主权者。

因此，认为“所有人民（市民）都是对等的主权者，法律和政府也都要由人民的讨论来决定”的民主主义观点诞生了。最初提出这个观点的是洛克。

洛克在《政府论》中提到，人有保护自己生命、健康、自由和财产的权利，这个权利不能受到任何人的侵害。洛克尤其重视私有财产，他认为通过工作获得的财产就是自己的财产。人们正是为了捍卫这些权利，才互相承认各自的权利，建立了政府。

洛克和霍布斯的不同之处在于，洛克认为国家的法律与制度是建立在人们的一致意见之上的，如果有不合适的地方，可以对政府和法律进行修改。现在的议会民主制度也以洛克的观点为基础。他的思想给法国大革命和美国《独立宣言》带来了深远的影响。

但是，洛克将权利的正当性归根于上帝。从这一点上看，他的观点比没有假定上帝存在的霍布斯的观点要落后。

于 18 世纪登场的法国思想家卢梭则对民主主义进行了更为透彻的思考，他还确立和完善了社会契约论的原理。

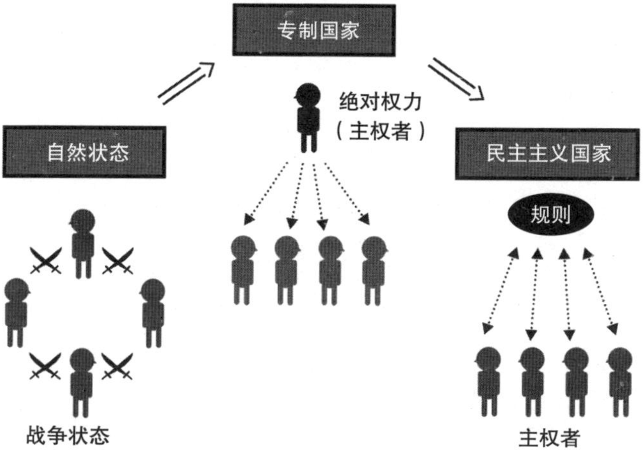

国家的形成与发展

卢梭与“公共意志”

在卢梭的社会契约论中，法律与权利的正当性是由人们的约定（一致同意）所决定的，而非洛克所主张的“权利的正当性源于上帝”。

当然，如果只是单纯地约定权利和法律，那么所有事情都会被随意地决定。但如果权利和法律有一个基本约定作为前提，那么这些权利和法律就具备正当性，而这个基本约定就是所谓的“社会契约”。

卢梭在《论人类不平等的起源和基础》中提到，虽然人类在最开始是自由生活的存在，但随着农业的发展产生了剩余劳动生产物，而为了争夺这些剩余劳动生产物，人们就会陷入霍布斯所说的万人相争的战争状态。因此，为了守护自己的财产、生命和自由，人们就必须通过“社会契约”联合起来，并共同协商制定规则。

卢梭认为，这类由协商制定出的规则不能过度限制个人自由。因此，他指出“公共意志”是必不可少的。

那么，这个“公共意志”是什么呢？

经常能看到的有关“公共意志”的解释是“应当绝对服从的国家意志”。这种解释会给人一种肯定法西斯主义独裁国家的印象。事实上，有不少人出于这个观点对卢梭进行了批判。但这是彻头彻尾的误解，“公共意志”绝不是这样的概念。

卢梭在《社会契约论》中提到的“公共意志”是“所有人的愿望”，更是人们判断法律和政策正确与否的根据。法律和政策在议会当中受到讨论，通过多数表决原则进行决定。但数量上的多并不意味着法律或政策具有正当性。

多数人为了保护自己的利益会选择支持某一法律和政策，那少数人就会成为这个法律和政策的牺牲品。此时，我们就不能说这个法律和政策是正确的。但是，如果某一法律和政策能给所有人带来利益，那么就不会有人反对这个法律和政策。此时，这个法律和政策才算得上“公共意志”。只有这样的公共意志，才能成为判断法律和政策妥当性的依据。

因此，在决定法律与政策的时候，如果只考虑自己的利益，就算因为多数表决原则通过了这个法律或政策，那这个法律或政策也不具备正当性。换言之，我们在决定法律或政策的时候，必须考虑这个法律或政策能否给所有人带来利益，能否获得所有人的认可，并以此当作决定的基准。

“公共意志”就是所有人追求的判断基准。

小知识

卢梭（Jean-Jacques Rousseau，1712—1778）：法国哲学家、启蒙思想家。他凭借《论科学与艺术》在论文悬赏比赛中获奖。他的思想给法国大革命带来了巨大影响。著作有《社会契约论》《论人类不平等的起源和基础》等。

黑格尔与马克思

黑格尔的国家观点

在前文中，我们以“社会契约”为主轴介绍了霍布斯、洛克和卢梭的近代社会思想，而对这些思想进行剖析，并更准确地把握近代社会本质的哲学家则是黑格尔。

黑格尔认为，为了保证个人自由，人与人之间对于自由的相互承认必不可少。如果所有人都是自由的，那么就会出现为了利己而无视他人利益的行为，进而导致争端的发生。因此，人们就需要相互承认各自的自由。以这个相互承认为基础的制度化社会就是“市民社会”。

但在所有人的自由得到保障之后，又有可能会激化经济的自由竞争，所以起调停作用的“国家”就必不可少。

真正的自由从一开始就只有在共同体中才能实现。有了共同的道德、秩序（伦理），我们才能相互认可各自的行为，才能通过他人的承认对自己的存在价值产生确信。其中，还关系到能让人感受到真正的自由的自我实现。

黑格尔将近代社会的本质分为“市民社会”（相互承认个人自由）与“国家”（纠正市民社会的矛盾，注重伦理秩序）。

在以往的国家观点中，市民社会与国家的概念混合在了一起。在黑格尔看来，社会契约论者所讨论的国家基本只停留在了“市民社会”上。

黑格尔之所以如此评判社会契约论将国家置于市民社会之上，不仅仅是为了调停自由的欲望，而且他认为相比个人的自由，共同性的自由才是最大的自由。

相比市民社会，国家更具有作为共同体的约束力。这样一来，个人的自由好像受到了侵害。但是在黑格尔哲学中，社会（共同体）的法律和价值观与个人的自由并不是相互对立的。

社会的法律和价值观是共同体中的所有人相互承认各自的存在价值的基础，在此基础上，它还满足了人类追求自我实现和对自由的渴望。

这是霍布斯与卢梭等人无法获得的原理，从这点来看，黑格尔登上了近代社会思想的最高峰。

市民社会与国家的自由

马克思的资本主义批判

“为了保证自己的自由，人们相互承认各自的自由，共同制定规则，建立市民社会”。这是近代社会所追求的社会形式。

现在，人们无法从社会规则中找到共识，觉得社会规则像一个限制个人自由的枷锁。国家也不再保护个人自由，反而成为限制个人自由的机器。

人们的国家观念之所以会发生这样的变化，和近代社会中的资本主义社会有很大的关系。

一方面近代社会带来了自由，近代哲学也为民主国家的形成奠定了基础。另一方面这些近代国家虽然推动了资本主义的发展，但导致了贫富差距的产生，形成了“资本家与劳动者”这一新的支配结构。此外，近代国家之间还因市场、资源、殖民地问题而相互对立，引发一次次激烈斗争。

那么，为什么承认个人自由和为维持这一自由而诞生的近代国家却反过来剥夺个人自由而化为强权呢？

马克思认为，近代国家所谓的保障个人自由只是表面上的，实际上这些都不过是资本家用来守护其利益的“国家机器”罢了。借自由之名将私有财产正当化，就等于是正当化了资本家的利益与对劳动者的榨取，阶级支配就此诞生。也就是说，国家将这一阶级支配正当化了。

这也是马克思对黑格尔的严厉批判。

黑格尔所构想的近代国家是通过法律来保障人们的自由，这是因为当时（19世纪初）德国最主要的课题是脱离传统权威。但是到了资本主义急速发展的19世纪末，近代国家却出现了贫富差距，形成了资本家与劳动者这一新的支配关系。

也就是说，在马克思看来，国家所重视的自由实际上并非个人的自由，而是资本家奴役劳动者的自由。

另外，马克思认为资本主义原理本身就存在贫富差距。

劳动者通过劳动增加商品的价值，但他只能获得与耗费的体力相应的工资，剩下的价值则成了资本家的利益。

比方说，原来价值只有500日元的东西经劳动者之手变为价值1000日元的商品，此时将增加的500日元中的200日元（作为劳务费）支付给劳动者，而剩下的300日元就成了资本家的利润。马克思将资本家的这部分利益称作“剩余价值”。也就是说，剩余价值越多，劳动者被“榨取”得就越厉害。

不仅如此，资本家为了在竞争中胜出，会投入高价的机械，这就导致利润和劳动者的工资降低。长此以往，需求也会慢慢变少，整体经济会变得不稳定。于是，经济萧条出现。拥有庞大财富的资本家存活了下来，这也使得贫富差距越来越大。

就这样，近代国家通过拥护资本主义原理扩大了贫富差距，剥夺了个人的自由，迷失了自己的本质。人类由于资本主义的劳动而被“社会异化”了。

因此，就有必要通过废除私有财产来废除国家，并建立起新的共产主义社会。马克思认为，这是需要通过革命来完成的、消除资本主义与阶级支配的真正理想社会。

这个观点得到了对资本主义不满的人们的压倒性支持，并掀起了以俄国革命为首的共产主义革命，促进了现代社会主义国家的形成。

马克思可谓人类史上最具影响力的思想家。

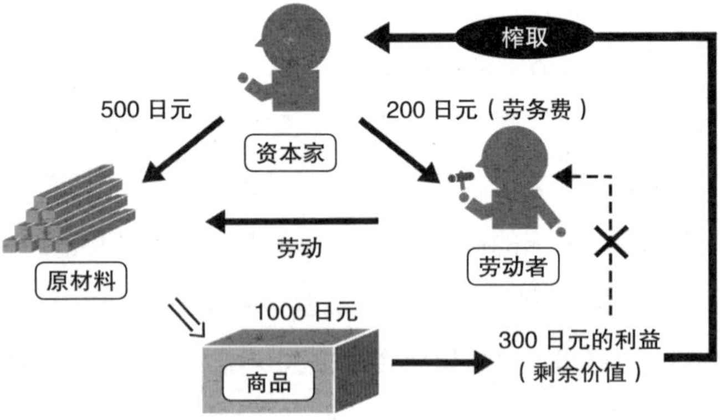

资本家与劳动者的关系

从结构主义到后结构主义——列维 - 斯特劳斯、福柯

结构主义的登场

列维 - 斯特劳斯（文化人类学）、拉康（精神分析学）、阿尔都塞（哲学）、罗兰 · 巴特（符号学）、福柯（哲学、历史学）等思想家就是结构主义的代表。如果用一句话来概括结构主义，那就是以“个人行为在无意识中被无形的社会结构决定”的观点为中心基础的思想。

我们自认为“出于自身考虑和意志的行为”，实际上也有可能在无意识中受到了某种社会结构的影响，甚至我们的思想和行动的方向都有可能事先为这类社会结构所决定。结构主义

试图对这类社会结构进行分析，并对“个人行为受到社会结构制约”这一事实进行说明。

这个观点与马克思的历史唯物主义（社会关系决定社会意识）存在极为相似的部分。

小知识

列维－斯特劳斯（Claude Lévi-Strauss，1908—2009）：法国文化人类学家，结构主义的主导人物。他主要研究无文字社会中的亲属族群，发现了美洲及北美原住民神话中隐藏的结构。他批判萨特，将结构主义推上了思想界的舞台。著作有《亲属关系的基本结构》《忧郁的热带》《野性的思维》等。

但结构主义的哲学家认为，因为决定了个人行为的社会结构不会被人们察觉，所以要想主动改变社会结构是非常困难的。

不仅如此，试图改变社会的主体性行为本身也已经受到了社会结构的引导。因此，结构主义者的观点就容易和“反正社会是无法改变的”这一实际感受联系起来。如果我们的所有行为都在无意识中维持（再生产）了社会结构，那么产生这样的感受也是理所当然的。这和近代社会契约论描绘的“如果社会存在问题，随时都可以进行修正”的理想社会恰好相反。

接下来，我们具体看看结构主义和后结构主义的理论是如何发展的。

列维－斯特劳斯的结构主义人类学

20 世纪 60 年代，列维－斯特劳斯在《野性的思维》中展开的“萨特批判”将结构主义推到了思想界的最前沿。

当时，萨特作为法国思想的代表人物闻名于世。他的存在主义以现象学方法为基础，将基于主体意识的行动视为人类存在的中心。

一方面，从结构主义的观点来看，萨特忽视了无意识的社会关系。因为结构主义的核心观点是，即使自认为自己的行为具有主体性，实际上意识也受到了社会结构的影响和制约。

列维－斯特劳斯对萨特的批判，也是对从笛卡尔到康德再到黑格尔的所有近代哲学方法论（以意识为中心的唯心主义）以及理性主义的批判。

总而言之，列维－斯特劳斯就这样一举成名。不过，他的思想在很大程度上受到了语言学家索绪尔的影响。

索绪尔认为，语言是一种符号系统，符号是由“能指”（Signifier）和“所指”（Signified）结合而成的。比方说，“树”这一文字和读音的表象与“树”这一概念（含义）是相互结合的。

但是，由于语言的含义会根据对象和其他语言的关系发生改变，所以这个结合并不是必然的，而是恣意且具有流动性的。

比方说，我们认为“狗”和“狼”是不同的，但如果一个语言系统中不存在“狼”这个词，那么“狗”这一词就包含了“狼”这一对象的含义。也就是说，“狗”这一词的含义会根据“狼”这一对象存在与否而发生改变。

因此，索绪尔认为，并不是语言定义了客观事物的秩序（语言名称观的否定），而是语言创造出事物的秩序，组成了现实。

小知识

索绪尔（Ferdinand de Saussure，1857—1913）：瑞士语言学家，现代语言学之父，结构语言学先驱。虽然早年受到世人期待，但晚年没有作品，经常闭门不出。索绪尔在日内瓦大学的讲座后被学生整理编辑成《普通语言学教程》出版，给之后的符号学与结构主义带来了巨大影响。

另一方面，结构主义也重视人际关系，还试图在人际关系的结构中找出人类尚未察觉到的无意识含义。个人行为的含义由自身行为与他人行为之间的关系决定，与本人的意志无关。

这就是索绪尔通过关系确定含义的方法。

列维－斯特劳斯在研究人类学时，也试图通过上述方法对隐藏在原始部落神话与亲属关系中的结构进行探索。

比如说，列维－斯特劳斯在其论文《亲属关系的基本结构》中提到，各地域民族共同的亲属基本结构是以禁止近亲结婚为基础的女性交换。也就是说，通过禁止近亲结婚，让女性嫁给其他亲属（部落），或让其他亲属的女性嫁过来，以维持一个于亲属中不封闭的开放关系。

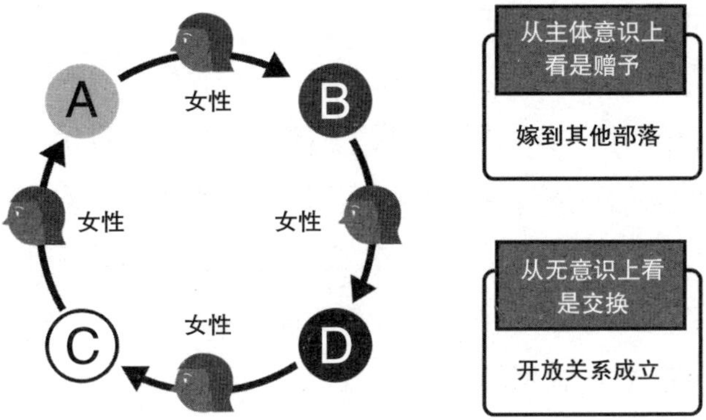

名为女性交换的无意识结构

当然，部落成员没有意识到这一点，只是在无意识中做出了上述行为。

像这样，在某个社会中生活的人们，其行为里包含着连本人都意识不到的含义。这个含义并非个人有意赋予，而是第三者在看到与该行为有关的人际关系之后初次感受到的关系含义。

结构主义分析且试图解释含义的正是连当事人都察觉不到的无意识结构。

福柯的权力理论

列维－斯特劳斯试图通过分析原始部落的社会结构，并找出其中的独特含义与知识样式（野性的思维）来批判将西欧文化中以理性为中心的知识样式视为绝对的观点。

同样通过分析西欧文化本身的社会结构，对理性主义进行批判的哲学家还有福柯。

福柯在其代表作《词与物》中，将中世纪以后的西欧社会分为三个时代（文艺复兴时代、古典主义时代与近代），并指出各个时代都存在其特有的知识结构（知识型）。各个时代中的个人观点与行为，由这个社会结构中的知识型所决定。无论是理性判断还是主体行动，都要遵从这个知识型。和列维－斯特劳斯一样，福柯的理论也包含了对近代西欧的理性主义（主体中心主义）的批判。

小知识

福柯（Michel Foucault，1926—1984）：法国哲学家，结构主义与后现代主义思想的代表人物。他的代表作《词与物》运用了“知识考古学”的独特分析法，十分畅销。福柯本人也因此一举成名。其著作有《规训与惩罚》《疯癫与文明》《性史》等。

并且，福柯试图在决定个人行为的社会结构中找出权力的本质。他在具有代表性的《规训与惩罚》一书中，以圆形监狱为例，指出近代社会的自我监视得到了强化。

所谓圆形监狱，指的是让囚犯无法看到监视者，从而使他们产生“好像受到了监视”的错觉的监狱。实际上，监视者可能根本不存在，但是囚犯会因为这种错觉而开始规范自己的行为，哪怕他们并没有受到监视。

造成自我监视的圆形监狱

福柯认为，这种圆形监狱式的结构不仅存在于监狱，还渗透在学校、军营等近代社会的任意场所。

其实，在近代以前也存在这种结构，个人通过纪律和训练来掌握社会的规则和价值观，并对此深信不疑。

比方说，如果要一个人加入军队，就必须在严格的纪律和训练中彻底使他强化作为军人的忠诚度和行动力，最终形成连当事人都不会产生任何怀疑的意识。这种结构在现代也十分常见。

到了近代以后，由于人们意识到了监视着自己的视线，所以人们不需要强制也会开始规范自己的行为，并在不断重复的过程中掌握社会价值观。

福柯形成了新的观念，他认为权力已经以看不见的形式渗透到了我们的内心世界。话虽如此，但福柯并没有设想一个特定的掌权者。

在福柯的理论中，这个必须打倒的具体权力结构或者对象（当政者）是不存在的。不管个人自由如何被社会束缚，只要没有应该打倒的对象，就无法改变社会。因为这个世上本来就不存在真理，也没有绝对正确的社会，所以人们自然也不会知道应该如何改变社会。

后结构主义的发展

后结构主义所重视的观点是“绝对正确的社会（真理）并不存在”。

虽然结构主义对马克思主义和现象学以及近代哲学进行了批判，并展示出了这些思想中的理性主义与意识主义的极限。但由于结构主义将社会的普遍结构设想为真理，所以它并没有脱离真理主义。这也是后结构主义批判结构主义的原因（由于福柯也批判了真理，所以他的观点属于后结构主义）。

后结构主义对真理批判大致可以分为两种做法。

第一种做法是在逻辑上证明真理不存在。其中具有代表性的是德里达的“解构”，前文第 4 章第 2 节已有介绍，这里就不做重复说明了。

第二种做法是批判把特定价值观当作真理的社会，并将绝对的价值观彻底地改为相对的价值观。这主要是对构想了“绝对正确的理想社会”的马克思主义的反省。

不管第二种做法如何批判现在的社会，只要它没有改变并构筑理想社会的展望，这种做法最终都由相对主义沦为虚无主义。

比如德勒兹—伽塔利的《反俄狄浦斯》中提到，人类欲望有朝着多方向发展的本性。虽然在统一价值观与规则所支配的古代专制国家，所有人的欲望都被塞入“铸模”中，朝着同一个方向发展。但在资本主义国家，价值观和规则都是相对的，欲望的发展方向也就比较散乱。此时，作为控制欲望方向的系统（公理系统）、家庭的亲子关系（俄狄浦斯关系）十分重要。

孩子通过父母的期待、要求和命令掌握社会的价值观与规则，并坚信基于社会价值观的行为才是有价值的行为。于是，孩子的欲望方向就被确定了。

也就是说，和结构主义一样，德勒兹和伽塔利所描绘的资本主义国家中，欲望的实现受到了社会价值观和规则的约束，且个人自由亦受到了限制。但是造成约束、限制的主体并非“特定的掌权者”，而是“社会结构本身”，且由于社会价值观已经渗透到个人的内心世界，所以当事人并不会察觉到自己的自由已经遭到剥夺。

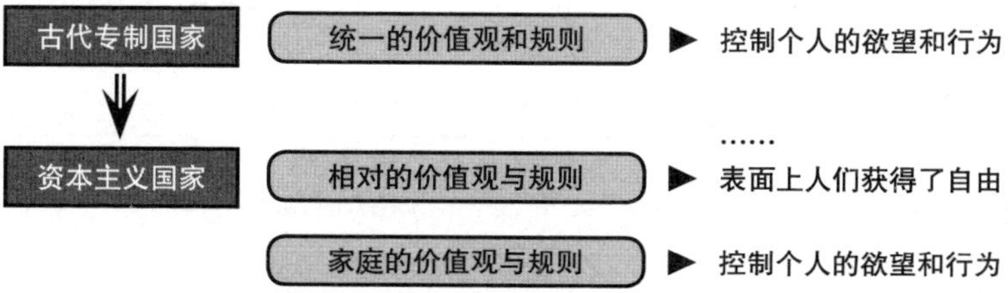

由古代专制国家到资本主义国家

但我认为，后结构主义的思想存在以下两个问题。

第一，后结构主义所主张的自由，只是试图从社会约束中逃离出来的自由，它忽视了“基于自己的认可而做出判断”这一自由的重要本质契机。即使个人的思想和行为受到了社会结构的强烈影响，如果当事人在行动时没有异议，那么就不会实际感受到自由受到了限制。

第二，人类通过社会的共同价值观相互承认各自的行为价值，如果社会的共同价值观解体、相对化，那么人们就会失去获得承认所需的行为基准，并且对自身存在价值感到不安。

现在，社会价值观正处在急速的相对化之中，从某种意义上来讲，我们越来越接近后结构主义所期盼的相对主义社会。看起来，个人自由仿佛得到了解放。但是，针对人们由于失去了确认普遍价值观的方法而对自身存在价值感到十分不安的问题，后结构主义无法给出解决方法。

小知识

德勒兹（Gilles Deleuze，1925—1995）：法国哲学家。通过块茎（多样性思维）开拓出了后结构主义的新天地。他与伽塔利合作出版的《反俄狄浦斯》和《千高原》是后结构主义的代表作。主要著作有《差异与重复》《尼采与哲学》《意义的逻辑》等。

不仅如此，现实生活中发生的各种犯罪和纷争都需要秩序来解决，因为仅靠相对主义是绝对无法解决的。虽然绝对的正确是不存在的（不存在真理），但现在我们不得不对所有人都能共同理解的正确（正义）进行思考。

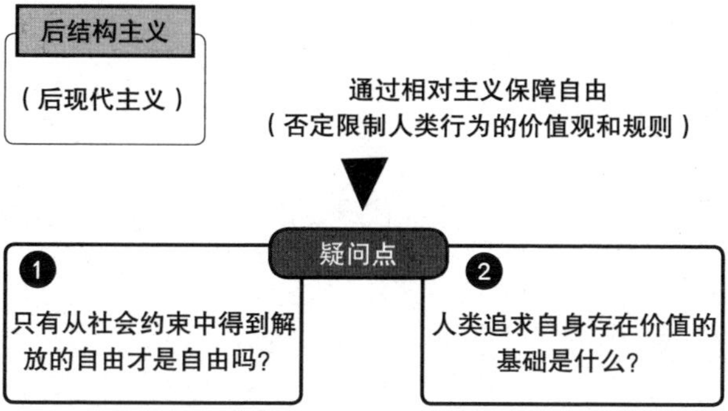

后结构主义的疑问点

列维纳斯与阿伦特的道德哲学

后现代主义的问题点（哈贝马斯与德里达）

后结构主义等后现代主义思想的核心在于批判真理的相对主义和社会规范的绝对化（将社会规则视为真理）。

不同民族和文化的人们共同生活在现代国家中，我们应当承认价值观和生活方式的多样性。但是，如果在所有方面都强调相对主义，那么生活就会陷入“一切皆有可能”的混乱状态。人们将失去正义，虚无主义也会在社会上蔓延。事实上，现代社会中相对主义的传播所导致的各种问题已渐渐浮出水面。

在哲学领域，人们开始探究规则的正当性和正义的本质。

并且人们开始关注道德和美国政治哲学,这其中就有上述原因。

关于美国政治哲学，下一节再做介绍。在此，我们先来看一看德国与法国哲学中对伦理问题的讨论。

小知识

哈贝马斯（Jürgen Habermas，1929—）：德国哲学家。法兰克福学派第二代核心人物。对于第一代的理性主义批判，哈贝马斯强调“沟通理性”的重要性。他对后现代主义持批判态度，与德里达的论战十分出名。

正如前文（参照第 4 章第 2 节）所说，“二战”后的德国，以阿多诺和霍克海默为首的法兰克福学派占据了中心地位。哲学家对近代哲学理性中心主义展开了批判，这和法国结构主义对后现代主义的近代批判是一样的。

但是，第二代法兰克福学派的哈贝马斯却批判了后现代主义思想，拥护了近代理性主义。失去了对理性信任的相对主义，人们既无法承认共享价值，也无法相互承认规则的正当性（不过，哈贝马斯对近代哲学的唯心主义是持批判态度的）。

哈贝马斯认为，人类会通过语言沟通传达自己的想法，并试图获得他人理解与承认。他将这类行为称作“沟通行为”，主张当人们相互展示各自的论据，试图获得理性共识的时候，设想出一个平等的发言机会和自由能得到保证的“理想发言状况”。他还将这种试图获得与他人共同理解的理性称为“沟通理性”。

这一理性并不是阿多诺等人所批判的只追求效率和合理性的“工具理性”。

通过“沟通理性”的对话，我们才能就某个行为的正确性进行判断，并在达成共识的情况下制定规则。

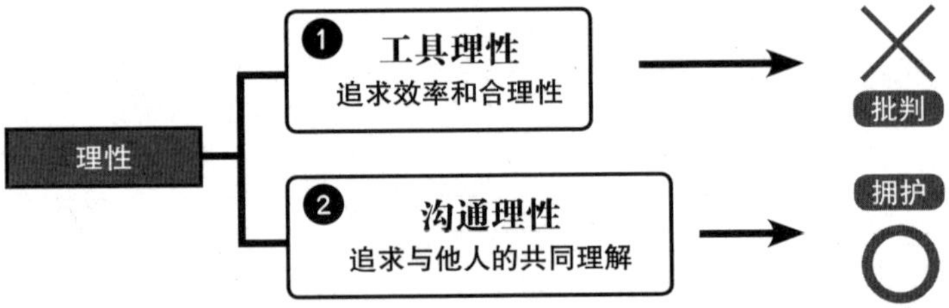

哈贝马斯对两种理性的观点

德里达认为，在最初制定法律的时候，应该存在强制的推动力（暴力）。

这种推翻法律绝对性的思维方法被称作法律的解构。其中，还是包含了使国家（法律的制度化姿态）权力的绝对性相对化的意图。反过来说，由于正义的根据没有绝对的决定性，所以德里达认为对正义的解构是不可能做到的。换句话说，法律并不是正义的根据，反而正义出现在法律之前，成为法律的依据。

那么，这个出现在法律之前的正义究竟是什么呢？

是对他人的关怀。超越法律的对他人的绝对义务，不追求回报的赠予，是德里达所说的正义。

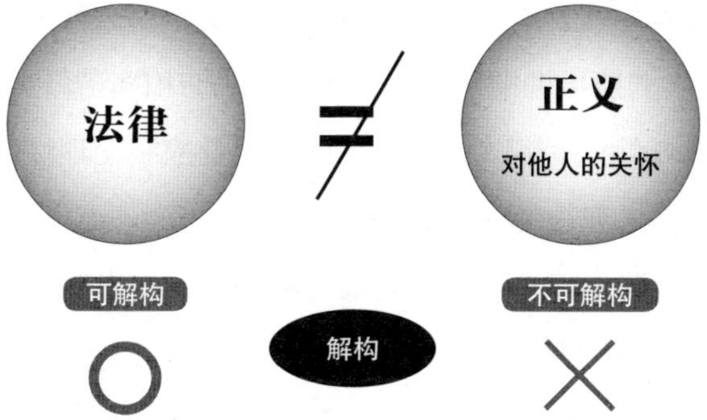

法律与正义的解构

列维纳斯的他者论

列维纳斯的观点与德里达的正义论尤为接近。实际上，德里达和列维纳斯都给对方带来了很大影响。

列维纳斯在其代表作《整体与无限 ：论外在性》中提到，现象学和近代哲学的唯心主义（尤其是黑格尔）只把意识（主观）世界中的含义作为研究对象，并试图通过“我”的逻辑来解释一切。但是，这样一来连他人都成了服从“我”的擅自解释的“事物”，“不能杀死他人”这一伦理也没有了依据。

小知识

列维纳斯（Emmanuel Lévinas，1906—1995）：法国哲学家。他受教于胡塞尔与海德格尔，将现象学带入了法国。由于纳粹侵略巴黎而被关进战俘营，亲人在大屠杀中遇难。因此在“二战”后，他根据自己的他者论观点展开了对伦理思想的论述。著作有《从存在到存在者》《整体与无限：论外在性》等。

假设他人只是“我”所描绘出的图像，那么他人的意图就会为“我”的擅自理解所无视，他人的悲伤和痛苦就会被抹除。

列维纳斯所担忧的正是这一点。不受控制的理性的擅自解释必然会陷入无视他人存在的利己主义。

对被纳粹杀害了家人的列维纳斯来说，这是无论如何都不能无视的重要问题。

因此，列维纳斯从现象学的主观性出发，将不被“我”定义的事物称为无法同一化的“他者”。

当他人的脸浮现在自己眼前时，人就会在其中感觉到超越“我”的理解的他者性，从而停止“我”的擅自解释。不过，在面对面关系中，“他人”不再和“我”对等，而是作为一个必须帮助的存在，给人一种伦理上的责任感。

晚年的列维纳斯基于这样的“非对称性”（他者性）将伦理称为“慈爱”，强调它和基于对等性的“正义”之间的平衡。

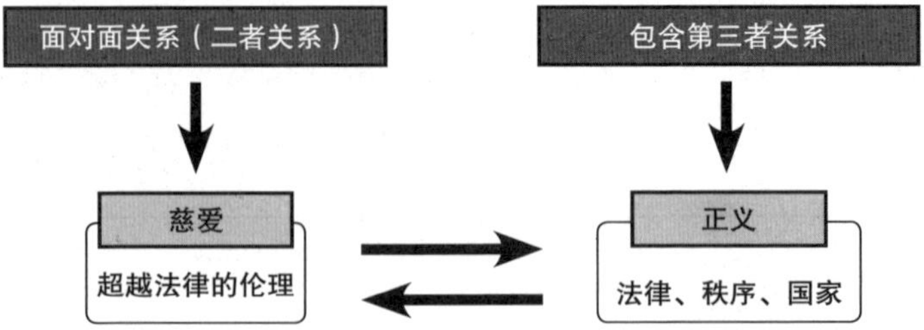

慈爱与正义的关系

首先，和他人的面对面关系形成了一个没有第三者介入的独立关系世界。这是一种相较于其他人更重视眼前对象的关系，人在这样的关系中会产生一种“想要帮助眼前的对象”“一定要保护这个人”的慈爱感。比起公正的正义，就算这个行为僭越了社会的法律和规则，人们还是会更看重慈爱。

但是，如果人们透过他人凝视自己的目光意识到了第三者的存在，那么人们就会觉得需要一个考虑到多人关系的公正判断，而不能只优待眼前的对象。此时，人们意识到了法律和正义。对通过人际关系和社会的公正规则来守护自己与他人自由的人来说，法律和正义是必不可少的。

但如上文所述，正义、秩序和法律会以“国家”的形式在面对面关系中对慈爱进行制约，这不仅没有保护个人的自由，反而加强了对个人的约束。因此，我们就必须不断地回顾面对面关系中伦理和慈爱的样貌。第三者终归只是透过他人的目光而意识到的对象，如果忘记面对面关系才是正义的根源，那就会迷失法律、秩序和慈爱，形成压抑个人的危险意识形态。

对此，列维纳斯充分理解了包含第三者在内的正义的必要性，同时又将优先权给予了面对面关系中的慈爱。

“先刑之以真理，后遇之以慈爱”（《暴力与圣性》），列维纳斯的这句话意思就是要以慈爱之心对待受到法律制裁的人。

综上所述，和德里达一样，列维纳斯认为正义的根据并非法律，而是超越法律的对他人的关怀（慈爱）。

但是这并不意味着和弱者面对面的人都会产生慈爱之情。

实际上，面对弱者没有产生慈爱之情的人也不在少数。既然如此，那正义的根据是慈爱这一主张是不是伦理的本质呢？对此，我们不得不产生疑问。

即使对他人的关怀的确先于社会的法律和秩序，这一关怀的动机又从何而来呢？对这一问题的重新审问，我认为才是重中之重。

阿伦特的公共领域

和哈贝马斯一样，阿伦特也重视多人交谈的空间（公共领域）。她的思想现在在日本备受关注，而哈贝马斯的沟通理论也受到了阿伦特的影响。

阿伦特在《人的境况》中，将人类的整体活动领域分为“劳动”“工作”和“行动”三类。其中，“劳动”是为了维持生命的活动，“工作”是为了提高生活质量的创作活动，而“行动”则是通过语言影响他人的活动，如自由的言论活动。这种活动极为重要，它能够通过交谈承认对方的多样性和人格。

小知识

阿伦特（Hannah Arendt，1906—1975）：德裔美籍政治哲学家。为了逃避纳粹对犹太人的迫害而亡命美国，后发表了《极权主义的起源》。在代表作《人的境况》中，对人类活动中的自由问题进行探究，给现代思想带来了巨大影响。著作包括《论革命》《艾希曼在耶路撒冷》《精神生活》等。

在古希腊城邦中，“劳动”和“工作”等经济活动指的是家庭这一私人领域的活动。除此之外，为了“行动”而存在的能够自由讨论的言论空间，叫作公共领域。

但在近代社会中，“劳动”的价值受到过度重视，本该是私人领域的劳动活动扩大到了公共领域。“行动”领域（自由言论空间）渐渐消失。

阿伦特认为，人们只会在其职责和作用方面受到他人的衡量，其固有的存在方式已经渐渐消失了。

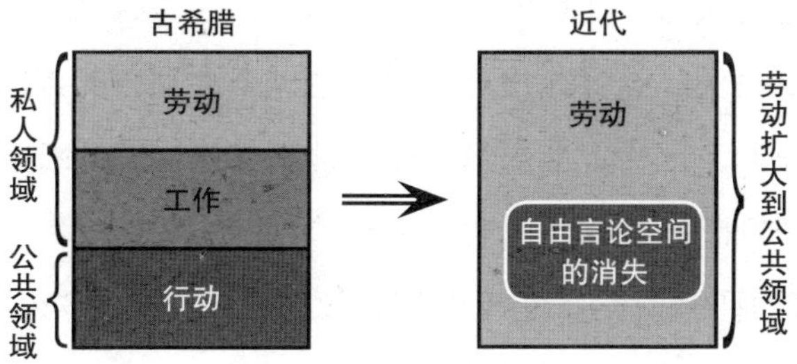

人类活动领域的变迁

此时，为了发现自己和他人的多样性与人格，人们必须具备能够“行动”的自由言论空间。

在阿伦特构想的自由言论空间中，价值观和生活风格的多样性（复数性）得到了允许。人们在认识彼此的差异之后，能从多种角度进行自由讨论。这种“能从多种角度进行自由讨论”的方式正是公共领域的特质。

阿伦特对近代社会的批判有些过于严苛。虽然她说“对劳动的过高评价导致了自由言论空间的消失”，但事实上，人们通过劳动生活宽裕了起来，自由讨论的可能性也有所增加。

值得注意的是，晚年的阿伦特认为，在自由讨论中，每个人都应该尽可能地做出具有普遍性的判断。这样的观点可以在她的《康德政治哲学演讲》中看到。

就算是自由讨论，如果每个人提出的都是利己的意见，那么他们一定无法达成共识。因此，每个人都应该站在大众的立场和角度进行内省。

阿伦特认为，要想象各种各样的人，并考虑他们是否同意所提出的意见，这才是接近中立而超越个人利害的判断。这个判断能排除利己性，向更具有一般性和普遍性的判断靠拢。

这个判断是根据“所有人的盼望”制定普遍规则（大众能够共同理解的规则），它不仅和近代思想中卢梭的“公共意志”观点相近，而且适用于对弱者的究极。

如果社会的共同价值和规则基于这个原理成立，那它一定能够为人们带来相互承认自身存在价值的基础。这对于为承认而感到强烈不安的现代人来说，也具有极其重要的意义。

唯一一个疑问在于，虽然阿伦特认为排除利己独断的中立立场是必不可少的，但人选择中立立场的动机又是什么呢?

哈贝马斯的“理想谈话状况”以及列维纳斯和德里达所主张的“对他人的关怀”，也有同样的动机问题。

在对动机进行考察之前，我想在下节先简单地介绍一下美国政治哲学。

罗尔斯之后的美国政治哲学

美国新的哲学潮流

在本书的开头部分也对桑德尔做了部分介绍，在“美国政治哲学”中，桑德尔的观点属于批判自由主义、重视共同体的社群主义。随着他的畅销著作和极具人气的讲座，自由主义者与社群主义者之间的对立渐渐在日本广为人知，并且在美国政治哲学中广受瞩目。

小知识

桑德尔（Michael J.Sandel，1953—）：美国政治哲学家，社群主义的代表人物。他对罗尔斯进行了批判。在电视栏目《哈佛白热教室》中博得人气。其著作有《自由主义与正义的局限》《公正：该如何是好》等。

最开始，日本的思想和哲学受到了唯心主义、现象学以及存在主义和结构主义等来自德国和法国的哲学思想的强烈影响。如今，法国的后现代主义也还影响着日本的思想和人文科学，且被许多人熟知。但是，对于以分析哲学为中心的英美哲学，一般人感到很陌生（除了维特根斯坦以外）。

在这样的背景下，美国政治哲学之所以受到广泛关注，一方面是因为相较于晦涩难懂的德法哲学，美国政治哲学更为简单明了；另一方面美国政治哲学包含了对“如何处理现实社会”的讨论，对一般人来说更具现实意义。

为了解决现实社会中的各种问题，建立所有人都认可的规则就必不可少。不管后现代主义思想如何强调“绝对正确的真理是不存在的”，我们都不得不对人们能够共同理解的“正确”（正义）进行探究。为此，找到社会共同规则的根本原理就成了必然。

和哈贝马斯、阿伦特一样，美国政治哲学也以“正确”（正义）这一主题为中心展开讨论。

罗尔斯的正义论

给 20 世纪 70 年代的美国政治哲学带来巨大影响的人，正是以《正义论》而闻名于世的自由主义哲学家约翰·罗尔斯。他的哲学在自由主义者与社群主义者之间引发了一次次激烈论战。

小知识

罗尔斯（John Rawls，1921—2002）：美国政治哲学家，自由主义的代表人物。他将正义视为政治社会的判断基准，并以此建立自己的正义理论。其代表作《正义论》给美国政治哲学带来了巨大影响。现在，仍有许多人围绕罗尔斯的思想进行讨论。

在罗尔斯出现以前，个人主义色彩浓重的自由主义在美国社会具有很强的影响力。人们普遍认为政府应当将个人的自由作为最优先的事项。这样的认知会放任自由竞争，使得强者和弱者之间的贫富差距（虽然也存在主张强者应向弱者伸出援助之手的自由主义观点，但缺乏明确的原理）拉大。

直到 20 世纪 70 年代罗尔斯的《正义论》登场之后，这一认知才开始有所转变。

在重视个人自由方面，罗尔斯的观点与以往的自由主义者没有区别。但是，自由竞争所导致的贫富差距是罗尔斯不能容忍的。因此，“如何制定公平的分配规则”就成了罗尔斯的关注点。

罗尔斯为了探明社会法律与制度的根本原理，首先以原初状态作为出发点。这和近代社会的社会契约论假设自然状态的做法相同，但是二者的内容存在较大差异。原初状态假设的是，许多人共同决定社会共同规则（原理）的最初场景。

一般来说，会议的参加者会优先考虑自己的利益，提出对自身地位、资产有利的意见。但这样就无法制定出公平的分配规则。

于是，罗尔斯导入了某个假说。假设会议的参加者对自己的社会地位、资产、能力、信念和未来一无所知，在此前提下，让他们互相提出意见。罗尔斯将这个假说命名为“无知之幕”。他认为，人们会因此从对自己最不利的角度来考虑问题，并且会考虑弱者的意见，从而引导出公平的判断。

罗尔斯指出，在“无知之幕”的讨论环境下，会产生两个原理。

第一个原理是，每个人都认为只要个人自由能和他人自由并存就是平等的权利。这也是以往的自由主义所重视的观点。

第二个原理是，社会地位、经济上的不平等是公平的机会均等所带来的结果，只是如果这个不平等能改善人们之间的差异，它就拥有正当性。这个原理被称作“差异原则”，也是罗尔斯哲学中最重要的原理。

在差异原则中，比起以往的自由主义，平等受到了更多的重视，罗尔斯认为人们获得地位、职位的机会应当是“均等”的，只有以差异原则为出发点，每个人才能获得属于自己的自由。

在这种情况下，如果还是出现了差异，那么就需要通过各种制度对极端的差异进行纠正。

和优先平等的社会主义不同，这种做法虽然坚持了社会主义立场，但有着对差异进行纠正的特质。罗尔斯由此得出结论：如果人不知道自己的社会地位和职业，那就一定会从弱者的角度出发来追求这种对差异的改正。

但是，这样的结论是以“无知之幕”为前提的假说，并不意味着处于有利立场的人们会因此而承认差异原理。就算要求别人在考虑问题时要忘记自己的一切身份地位，但如果对方没有这样考虑的理由（动机），那么无论是谁都不会轻易同意。

当然，如果占据优势的人们担心自己将来会成为弱者，那么他们有可能就会考虑弱者的立场。但是，这种情况充其量只是一种可能，并不是必然。

尽管人们对罗尔斯正义论的评价毁誉参半，但毫无疑问的是它的确引起了巨大反响，同时也给现在美国政治哲学的盛况打下了基础。

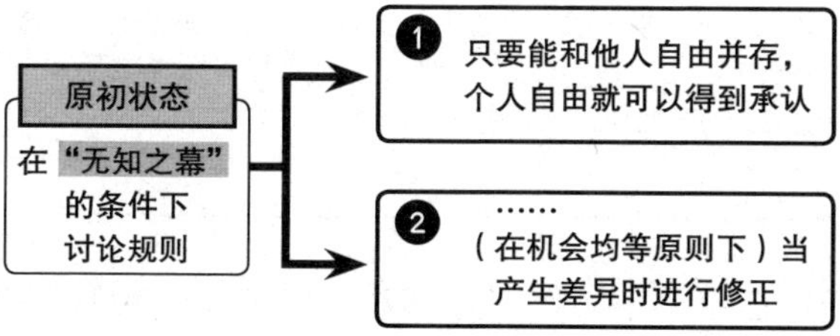

罗尔斯的两个正义原则

围绕自由主义的论战

罗尔斯的差异原理发表之后，受到了名为自由意志主义的自由至上主义者的严厉批判。为了最大限度地维护个人自由，自由至上主义者认为纠正差异政策是妨碍自由的东西。

自由意志主义的代表人物诺齐克在《无政府、国家与乌托邦》一书中，批判了积极推进福利政策的罗尔斯，反对资源再分配。诺齐克认为，个人的自由是最值得拥护的，只有保障自由的规则才具有必要性。因此，他主张应将国家规则规定在最小限度，即“最小政府主义”。

诺齐克的观点与罗尔斯出现之前就存在的自由至上主义及个人主义较为接近，但前者在于将自由视为绝对不可侵犯的权利。人类虽然是追求自由的存在，但个人自由权利并非生来就是不可侵犯的。

小知识

诺齐克（Robert Nozick，1938—2002）：美国哲学家。他以自由意志主义的观点对罗尔斯的《正义论》展开批判，并一举成名。他否定福利国家的再分配，主张“最小政府主义”，认为国家只需要拥护个人最低限度的权利便可。其代表作为《无政府、国家与乌托邦》。

诺齐克忘记了个人自由要在社会中“受到制度的保障”才能成立。但当社会中存在生来就很贫困，无法接受教育的人时，我们对这类出身不平等的纠正不算侵害个人自由。

到了 80 年代之后，重视共同体中培养出的价值观的社群主义开始兴起，并站在与自由意志主义完全相反的立场上对自由主义展开了批判。同时，这也成为时至今日仍未停息的自由主义与社群主义激烈论战的开端。

“社群主义者”（Communitarian）基本认为，在考虑正义原理时，不能无视共同体的价值观。因为人类是在与共同体的关系中追求道德与善的存在。

在自由主义中，一方面自我概念独立于共同体，公平比善更受重视；另一方面执着于价值的中立性所描绘出的人类图景也偏离现实。

社群主义基于此对自由主义的主要内容展开了批判，具体包括以下哲学家的观点。

首先，麦金太尔在《德性之后》一书中，批判了罗尔斯与诺齐克的（自由而自立的）近代个人人类观。他认为，人类只有通过自身所属的共同体中共有的善（共同善），才能获得统一的身份认同。但自由主义不考虑共同体，而是想象出一个“幽灵一样的自我”。

桑德尔也持同样的观点。他认为，人类不能无视共同体的价值（共同善）对事物进行判断，并且共同体的价值还是自我理解的基础。但自由主义却在不考虑共同体的“善”的情况下，一味地重视“正义”（规则的正当性）。

小知识

麦金太尔(Alasdair MacIntyre,1929—)出生于苏格兰的美国哲学家，社群主义者。他批判了道德中的情绪主义，是重视内面道德的德行伦理学的代表理论家。其《德性之后》是社群主义的代表之作。

其次，查尔斯·泰勒认为，人类是通过与他人的共同价值观对自身经验进行解释的存在。但是近代的个人主义过度重视自由，经常否定基于共同价值观的行为，给人们带来了身份认同的不安。因为人只有在共同体的共同善之中才能获得身份认同。

但与桑德尔和麦金太尔不同的是，泰勒并没有设想单一的共同善，而是主张共同善的“多元性”（根据不同文化会有不同的共同善）。这种支持多元文化主义的社群主义者还包括一位名叫沃尔泽的哲学家。

沃尔泽在《正义诸领域：为多元主义与平等一辩》一书中提出，超越共同体背景的普遍正义是不可能存在的。他认为，应该根据各个社会的文化特征对均衡的平等进行构思（复合平等）。这个观点既是对自由主义中平等和分配正义的“一元性”批判，也是对共同体中价值的“一元性”批判。

社群主义的观点指出了人类的身份认同与共同价值存在联系，从这点来讲，它为我们提供了一个重要的思路。

但是，社群主义将共同体优先于个人自由的观点不免给人一种略为反动的印象。人类是追求自由的存在，既然自由之门已经打开，那人们也不可能再把它关上。

既然社群主义认为人类通过共同体的价值获得身份认同，那么它和人类的哪种欲望有关呢？这个欲望和人对自由的追求又是否存在矛盾呢？我认为搞明白这些问题是很重要的。

于是，我们又回到了伦理行为的动机问题（欲望）。

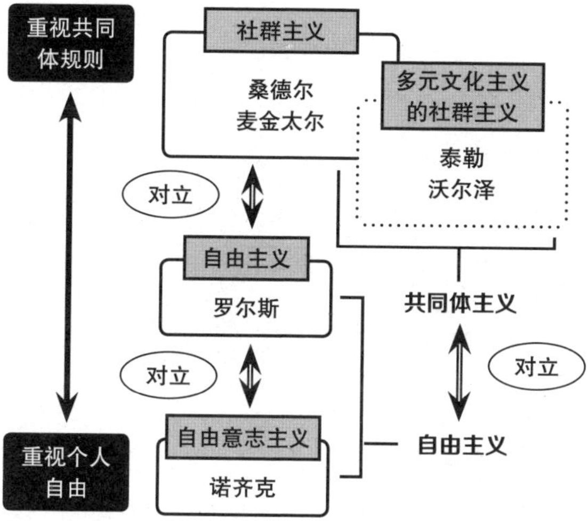

美国政治哲学的对立关系

06 社会对『我』来说是必要的吗？

“我”与“社会”的关系本质

伦理行为的动机

在前两节中，我们了解了众多哲学家的理论和他们抛出的问题。其中，存在缺乏“伦理行为动机”的问题不在少数。因此，在最后对这个问题进行更深入的挖掘的同时，我们一起试着探讨“我”与“社会”的关系本质。

罗尔斯认为，要想让人们的共识具有普遍性，“无知之幕”是必不可少的。阿伦特和罗尔斯一样，认为要想获得具有普遍性的判断，必须站在他人的角度上思考问题。哈贝马斯则认为，平等的发言机会与自由都受到保障的“理想谈话状况”才是理性共识所需的条件。

这些人都对相对主义及个人主义的自我中心性进行了批判，对救济弱者的道德行为的普遍性展开了探索，并向我们展示出要想通过人们的共识获得具有普遍性的判断所必须具备的条件。

但是，要想救济弱者就必须相互谈判，形成共识，且并非所有人都具有救济弱者的动机。就算只让考虑自己得失的人和想要救济弱者而主张公平分配的人进行谈判，也很难达成共识。价值观和信念都不同的人就算坐上了谈判席，也可能只是夸示一下自己的正确性，谈判还是会无疾而终。

应当摒弃自我中心性和先入为主的观点，对于根本不在乎其他人的人来说，这种观点不过是单方面的说教罢了。所以，相较于以“想要自由的生活”为动机的“社会契约论”和黑格尔哲学，这种观点并非具有普遍性的共同原理。

德里达的哲学和列维纳斯的“他者论”也存在同样的问题。

他们认为，伦理行动的原理是“对他人的关怀”。在试图救济弱者这一点上，他们的观点和哈贝马斯以及阿伦特相同，但比起对于弱者救济规则（法律）的共识，他们更重视面对面关系中对弱者的道德情感（“一定要帮助他”的义务感）。

不仅如此，德里达和列维纳斯都对“对规则的共识”这样的理性判断或追求普遍性的方向性抱有疑问。在这一点上，和近代思想观点更为接近的罗尔斯等人则不太一样。

“必须帮助眼前的弱者……”的心意并不是谁都能有的。

既然如此，如果对他人的关怀只是出于单纯的义务感，对大众而言不具备充分的理由（动机），那么就不足以成为伦理行为的哲学原理。

这就如同面对“救济弱者”这一社会要求，德里达和列维纳斯就等于在说：“个人必须抑制利己的欲望，不惜牺牲自己的自由也要为了他人奉献。”

但归根结底，“救济弱者”这一社会要求，真的会牺牲个人的自由吗？

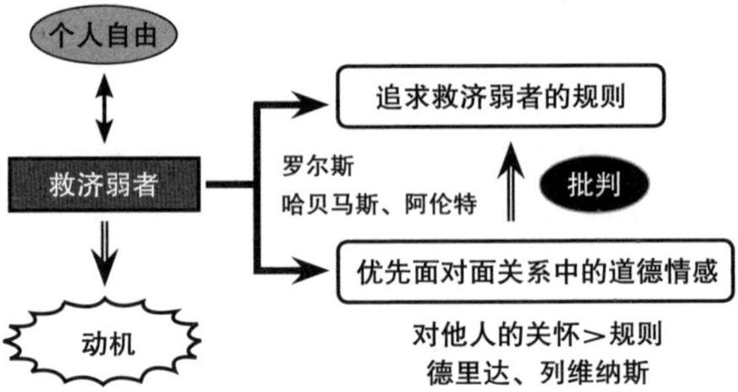

救济弱者理论

个人与社会是对立的吗？

上面的问题可以换个说法，变成“个人的自由与社会要求是相互对立的吗”？也就是说，问题在于“个人”（我）和“社会”的对立是不是必然。要解决这个问题，关键在于对“自由”这一概念的本质进行思考。

一般来说，“自由”指的是人们从社会的法律、习惯、世人的目光和家长的命令或期待等对主体性行为的妨碍中得到解放，即“从制约中得到解放”。其中，结构主义和后结构主义的“社会结构决定了个人自由”的观点就属于上述自由概念的典型。自由至上主义者口中的自由基本上也是这个含义。

但是，自由不一定都意味着“从制约中得到解放”，“自主性认可”也是其本质契机。

假设内心产生“想要帮助有困难的人”的想法，并实际帮助了他人。这样虽牺牲了自己的自由时间，但仍保持着自由的意识。因为其中包含“这件事是我自己决定的”这一“自主性认可”。之所以做这件事并非受到外部的强制，而是出于自身意志做出的决定。只要对做这件事有了充分的认可，自由就是存在的。

因此，当我们为了救济弱者而展开行动，并就为此所需的规则达成共识的时候，只要是自己认可的行为，即使看起来像是为了社会而限制个人自由，实际上个人自由的意识仍是受到保障的。

最开始，近代思想认为人们需要社会这一维持自由的“系统”。因为想要追求并维持自己的自由，就需要保护个人自由的方法，也就是社会制度。如果没有社会规则，自由就不可能成立。

因此，认为社会抑制甚至是（在最坏的情况下）妨碍个人自由的这一多见于现代思想的观点绝不具有普遍性。

我们追求自由需要社会，理解了这一点，就能对服从社会规则的行为产生足够的认可。作为“自主性认可”，社会规则还能维持我们的自由意识。

这样想来，“我”的自由与“社会”要求的对立并不具有必然性。之所以有人会认为这个对立是必然的，不过是因为他们弄错了“自由”这一概念的本质罢了。

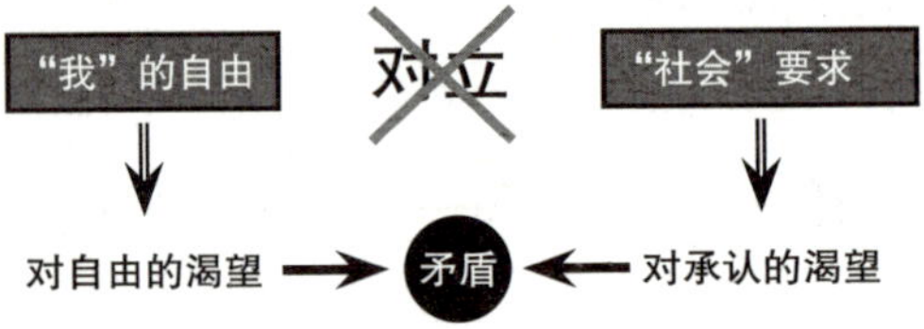

“我”与“社会”的矛盾

承认与自由

再进一步说，个人需要社会不仅仅是为了捍卫自己的自由。

为了确认自己的存在价值，了解自己的存在，我们需要不断地获得他人的承认。对于自身的存在价值而言，得到眼前关系亲密的人的承认当然也具有重要意义。但只要我们不停下追求价值的脚步，就一定会想要获得更多人的承认。在大多数情况下，他人的承认都是以社会共同价值观为基础的。

从某种意义上讲，社群主义的观点对了一半。因为他们发现，如果个人想要获得身份认同，就一定需要共同体的承认。

但是，社群主义者认为共同体的价值观（共同善）是显而易见的，并没有指出改变价值观的可能性。这样一来，就不能基于“自主性认可”对社会规则和价值观进行选择，导致自由的实感遭到损害，所以社群主义才会和自由主义对立。

实际上，为了确保自由意识，必须保证社会的共同规则始终建立在所有人的共识之上，并且出现问题随时都要进行修改。但是，如果把自由放在第一位，基于共同体承认的身份认同就难以保障。

如果是社群主义者，应该会这样反驳自由主义：“比起自由，共同体的承认更为重要，我们应该把社会要求放在第一位。”

但如上文所述，“我”的自由与“社会”要求（共同体的承认）的对立并不具有必然性。所以说，“我”还是追求社会承认的存在。

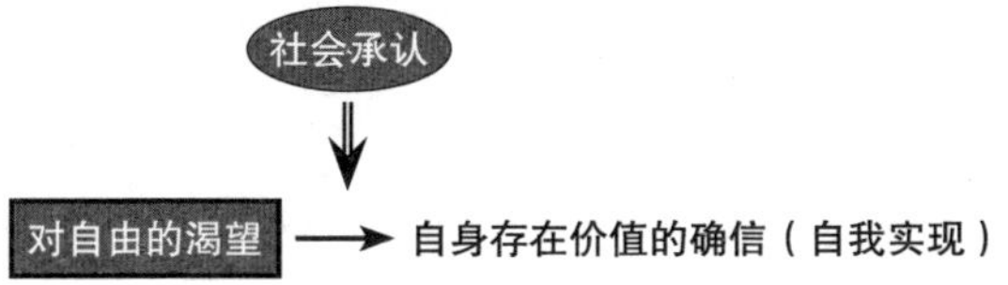

社会中的自由

黑格尔认为，人类对自由的渴望会通过他人的承认确认自己的存在价值，然后朝着自我实现的方向发展。

比方说，如果我们的行为受到了别人的赞赏，那么我们就会认为这个行为是“好行为”（善）。反之，如果受到了别人的批判，那么我们就会对这个行为产生疑问。随后，我们就会对所有人都认可的、算得上真正“好行为”的普遍价值展开追求。实际上，只要得到大众认可，我们就会对这个行为的价值产生确信。

我们会不断地通过他人的承认追求价值的普遍性。也就是说，我们会追求自身存在价值的普遍性。正因如此，我们需要社会这一共同体的存在，这不仅仅是为了守护我们的自由，同时也是因为只有在社会中，对自由的渴望才能转化为对自身存在价值的确信。

“救济弱者”这一伦理行为也并不会牺牲个人的自由，反而可以让我们通过他人的承认确信自身的存在价值，从而获得更强烈的自由感。只要我们能够通过道德行为获得对方的感谢、周围人的赞许以及社会的承认，就能产生对自我存在价值的确信。就算对于道德感情不强的人，也能成为救济弱者的动机。

可能有人会觉得这是出于欲望的一种利己的动机，是一种伪善。但是，只要这个欲望能成为帮助弱者的动机，就有可能在救济弱者所必要的规则和政策问题上与他人达成共识。

正因为有利己的欲望，为了救济弱者所做的行为才有可能不是义务，而是出于我们的自由意志所做的决定。

我们已经没必要把“救济弱者”这一“社会”要求和“我”的自由放在对立面了。它们之间存在的是调和“社会”与“我”的原理。

“社会”与“我”的联系

前文，我们通过近代社会思想，尤其是通过与道德相关的哲学对“社会是什么”这一问题进行了探讨。我们发现，“社会是什么”和“我是谁”这一问题有着密不可分的联系。为了更加清楚地了解两者的联系，我们重新看一看这个问题是如何产生，又是如何随着时代变迁而发生变化的。

首先，“社会是什么”与“我是谁”都是在近代以后才出现的问题。因为在近代以前，自身所处的共同体的习惯、规则与价值观都和自然相同，人们无法使环境发生改变。

因此，个人的自由几乎是不存在的。但只要人们的行为符合共同体的规则与价值观，就不会对身份认同抱有不安。

但到了近代社会，人们逐渐拥有了自由生存的可能性，此时就产生了新的观点。人们认为，社会是人们为了保护自由而共同建立起来的,只要出现了问题就随时都可以对其进行修改。这也意味着，人们开始考虑“社会是什么”和“怎样做才能建立起一个好的社会”的问题。法国大革命等市民革命以及 20 世纪的共产主义革命都源于人们对社会抱有的疑问。

当人们能够自由选择人生时，便开始感受到身份认同的不安和迷茫。人们不知道怎样做才能使自己感到满足，怎样做才能活出自己。于是，“我是谁”的问题就出现了。这个问题在所有的工作都被事先决定好了的近代以前的社会是绝对不会出现的。

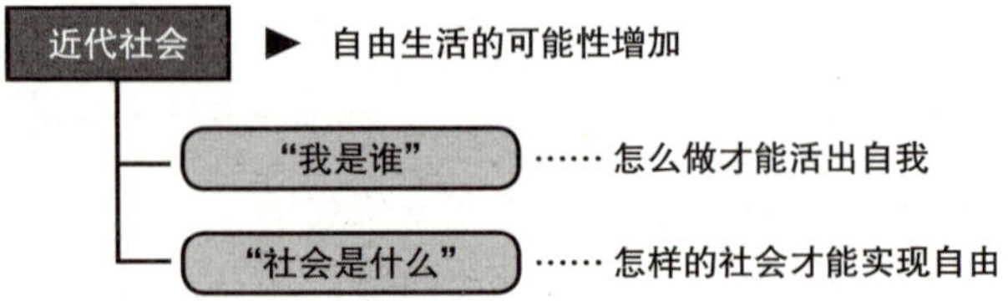

近代社会中的新问题

为了消除身份认同的不安，就必须让他人承认自己在社会中的作用和存在价值。所以不能忽视所有人都能认可的社会规则与价值观。为了得到周围人的认可，就必须基于社会规范进行活动。因此，人们又产生了新的烦恼——究竟该不该为了社会承认而限制个人的愿望和自由行为呢？

这就是“个人自由”与“社会承认”的矛盾。

到了现代，自由与承认的矛盾又有了新的形式。一方面现代社会中人们自由生活的可能性不断增加；另一方面由于相对主义的蔓延，人们对于社会共同价值观的信用土崩瓦解。

从“服从社会规则的必要性减少，人们能够活动得更加自由”这层含义上看，可能是一件好事。但如果人们对社会共同价值观与规则的信赖消失，就无法得知“究竟怎样做才能获得周围人的认可”。也就是说，人们将迷失获得承认的基准（为了获得承认所需的参照物）。

随着承认的不安日渐增强，人们无法感受到自身的存在价值。

现在越来越多的人之所以明明能够自由生活却要为了获得

周围人的认可而盲目地选择从众和过度地压抑自我，就是因为他们不知道应该怎么做才能获得周围人的承认。

为了摆脱盲目从众和迎合他人所带来的苦闷感，有的人选择闭门不出，有的人选择踏上“寻找自我”的征途。这些人都放弃了他人的承认，试图以自己的方式保障自由。

这样一来，“想要自由行动”的欲望和“想要被他人承认”的欲望之间就出现了矛盾。这就是“个人自由”与“社会承认”的矛盾的现代版。

但是，“我”的欲望与“社会”要求并不一定是对立的。不仅如此，“我”的欲望与“周围人”的要求和期待还是可调和的。只要我们察觉到自身对承认的渴求，就会对回应社会要求的行为产生认可，认为“这是为了获得承认才做的”。

如果我们是以自身意志回应社会要求或周围人的期待，这样的行为是基于我们的自由意志而做出的，所以这个时候自由与承认之间并不会产生矛盾。

综上所述，“我”的存在问题不可能和他人的承认无关，同时也关系到“社会”的伦理问题。

救济弱者也不是牺牲个人自由的义务，它反而增大了自由的可能性，加深了人们对自由的理解。如果能够理解这一点，那么我们就获得了克服现代社会中自由与承认之间矛盾的方法。

这是哲学对“社会”和“我”的问题进行彻底考虑、反复探究后发现的新的可能性。

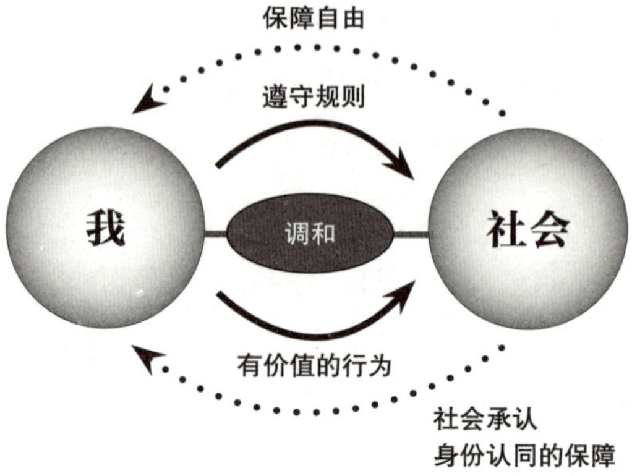

“社会”与“我”的联系

索　引